THE
HONEST TRUTH
ABOUT
DISHONESTY

# 怪诞行为学 4

## 诚实的真相

[美] 丹·艾瑞里 / 著
(Dan Ariely)

胡晓姣 李爱民 何梦莹 / 译

How We
Lie to
Everyone
——
Especially Ourselves

中信出版集团 · 北京

图书在版编目（CIP）数据

怪诞行为学. 4，诚实的真相 /（美）丹 · 艾瑞里著；
胡晓姣，李爱民，何梦莹译. -- 北京：中信出版社，
2017.12（2022.10重印）

书名原文：The Truth About Dishonesty
ISBN 978-7-5086-8148-1

I. ①怪⋯ II. ①丹⋯②胡⋯③李⋯④何⋯ III.
①行为经济学–通俗读物 IV. ①F069.9-49

中国版本图书馆CIP数据核字（2017）第226959号



怪诞行为学4：诚实的真相

著　　者：[美]丹 · 艾瑞里
译　　者：胡晓姣　李爱民　何梦莹
出版发行：中信出版集团股份有限公司
　　　　　（北京市朝阳区惠新东街甲4号富盛大厦2座　邮编　100029）
承 印 者：北京诚信伟业印刷有限公司

开　　本：880mm×1230mm　1/32　　印　　张：8　　字　　数：200千字
版　　次：2017年12月第1版　　印　　次：2022年10月第27次印刷
京权图字：01-2012-1314
书　　号：ISBN 978-7-5086-8148-1
定　　价：45.00元

# 致（各国）读者

本书讲的是不诚实的行为，但你可能觉得本书更像是在说美国人的不诚实，因为书中所述实验的大多数参与者都是美国人。考虑到这一点，你可能会想：我和我们国家的人是比美国人更诚实，还是没有美国人诚实呢？亲爱的读者，你们是怎么想的呢？你们国家的人是比美国人更诚实，还是没有美国人诚实呢？

我和同事从针对不同文化领域的参与者做的实验中发现：不同文化领域的人在不诚实方面差异甚微。我在本书的结尾部分对这个发现做了深入探究，但现在还是有必要说明一下：我们的实验没有文化意义，即我们的实验本身不具有任何一种特定的文化因素。也就是说，我们的实验能检测出人们对不诚实的基本看法——你如何能不按规矩办事，想出在做出不诚实之事后而不会感到内疚的方法，当你真的这么做了，你的行为会达到何种程度。

在你读这本书的时候，希望你能思考如何将书中的实验及其结果分析应用到自己生活的各个方面；思考人们在何时何地及何种情况下，更容易或不容易将自己的不诚实行为合理化。最重要的是，请记住你和上千名的实验参与者一样，都有不诚实倾向。

你诚实的朋友

丹·艾瑞里

目　录

## 第 3 章　对自己的动机视而不见



## 第 4 章　被动机迷惑的理智



## 第 5 章　越疲倦，越冲动

## 第 6 章 穿冒牌货会让我们更不诚信吗?



## 第 7 章 陷入自我欺骗



## 第 8 章 创新与不诚实：我们都是编故事的人

推荐序 1

## 我们都不诚实过

美国行为经济学家丹·艾瑞里在该书中用大量实验和事例证明，我们或多或少都不诚实过。看到这个结论，我问自己，“我也不诚实过吗？”静心一想，答案是肯定的。

人们为什么会不诚实？正统经济学把人看作利己的理性人，用成本—收益的原则来解释包括不诚实在内的所有行为。这种解释的确能说明不少问题，但并不能解释所有问题。记得20世纪90年代我在美国学习，回国前复印了一些资料，其中有本书共91页，由于我的英语讲得不太标准，资料复印员把我说的“91”误听成“19”，也没有核对，并按照19页计价收费。我马上予以纠正，并按照91页的复印量付了费用。如果按正统经济学来解释我的行为，既然复印员听错了，那我只需支付19页资料的复印费，这对我来说只有收益而无成本，那我为什么不贪这个小便宜呢？我是一个正常的人，还是一位经济学者，我为什么没按理性原则做出行为决策呢？

行为经济学家认为，人的行为是复杂的、受多种因素影响的，绝不仅仅是一个成本一收益原则可以解释的。该书正是用行为经济学的方法来解释人的不诚实行为，读过全书，我对作者的解释心服口服。按照该书作者的观点，我之所以不按 19 页资料付费，就是因为我心中有自己的道德底线，占这个小便宜起码会让我在几天内觉得良心不安。但写作一些应景之文我之所以觉得毫无愧意，是因为很多人都如此，大到一些官方的统计数字，小到公司的财务报表，又有多少是真实的？群体成员都不诚实，只有我一个人诚实，我的日子就会不好过，这一点也可以解释安然丑闻为何会有多达 500 人被牵涉其中。

在这本书中，艾瑞里提出了很多有趣的问题，比如孩子偷了同学的一支铅笔会被老师和家长批评，但家长从办公室带回家几盒铅笔，这种行为却不被认为是“偷”。再比如，在学校活动室的冰箱里放有冷饮和钱的实验条件下，很快冷饮会被拿光，却很少有人把钱拿走。此外还有许多我们生活中熟悉的行为，都与理性人应有的行为不一致。

行为经济学是一门以实验为基础的学问，所以，作者运用“真人实验法”来对这些行为进行验证和解释。通过大量的实验，艾瑞里证明了，人的不诚实行为不是与正统经济学的理性原则相关，而是与社会风气、不诚实行为的形式、监督的严格与宽松和个人的道德水平等因素相关。也许日常生活中积累的经验让我们对这些因素有或多或少的了解，但该书在实验论证的基础上进行了系统化的分析，使我们更加信服作者的观点，而且对不诚实行为的认识更全面、更深刻。

我们当然希望自己生活的社会是一个诚实社会。那么，如何建立诚实文化呢？我们对不诚实因素的分析就有助于我们建立诚实社会。就这本书来看，可以从3个方面加强诚实社会的建设。一是创造一个诚信的环境，我想在这方面首先是政府要起到表率作用；二是要加强监督，在可以撕碎答卷和不可以撕碎答卷的实验条件下，受试者的不诚实程度是有显著差别的，这说明人们的行为还是需要受到一定程度的监管，不能完全放任自流；三是要提高每个人的道德修养，对《十诫》有敬畏之心的实验受试者的表现足以证明这一点。

艾瑞里的实验还证明，尽管实验对象都是名牌大学的优秀学生，在有这样或那样诱惑刺激的条件下，照样会有种种不诚实的行为，可见不诚实的现象有多普遍。这本书分析了不诚实行为产生的原因，也提出了避免不诚实行为的思路，而且所有的分析和结论都建立在实验的基础之上，有理有据，让人信服。

行为经济学是一门新兴学科，大众读者有必要了解，但过于严肃的学术论著又是一般读者不愿意阅读的。艾瑞里是一位善于把复杂问题简单化的高手，他之前的两本行为经济学著作《怪诞行为学》和《怪诞行为学2》在国外非常畅销，简体中文版也相当受国内读者的欢迎，希望他这本新书也能成为我们的良师益友。

推荐序 2

## 揭开不诚实的黑箱

你痛恨商业中的不诚信行为和政治家的欺骗行为，反感婚姻中的不忠行为以及遍布各个领域、近乎无处不在的种种不诚实行为吗？答案恐怕是肯定的。这些年来，各类诚信危机不断上演，让中国人吃尽了苦头，特别是食品安全危机几乎快要把国人逼疯了！

在痛恨不诚实行为的同时，你或许会想：该如何去改变这些不诚实的行为呢？

理解问题是正确解决问题的开始。如果我们想要改变某个行为，那我们首先就要正确地理解这一行为。如果我们根本不理解不诚实的行为，那我们也很难去改变这一行为。愤怒又有多大的作用呢？

遗憾的是，迄今为止，人们愤怒有余，却没有下功夫去研究不诚实行为。芝加哥经济学家加里·贝克尔曾提出，有关诚实的决策与其他多数决策一样，都是以成本—收益分析作为根据的。但贝克尔只给出了一个相当粗糙的猜测，而缺乏对有关诚实决策的深入研究。导致不诚实行为的原因究竟是什么，人类究竟该如何去防范和减少不诚实行为呢？所有这些问题的答案就像“薛定谔的猫”，长期沉睡在封闭的黑箱里。

感谢杜克大学的心理和行为经济学教授丹·艾瑞里，他用当前最前沿的行为经济学方法为我们打开了黑箱，一睹不诚实行为面纱的背后，进而给出治理不诚实的药方。这实在是不同寻常的探索，在某种程度上，其意义或许如同哥伦布发现美洲大陆。

艾瑞里通过实验发现，贝克尔和标准经济学理论并不能使我们了解有关欺骗的所有真相。首先，欺骗并不是对不诚实的成本和收益做简单考虑后的结果。其次，欺骗程度不会随着被抓概率的变化而变化。最后，许多人在有机会欺骗时并没有骗人。这表明，主导欺骗的动因比传统经济学断言的理性犯罪的简单模式所预测的要复杂得多，也有趣得多。

如果传统经济学有关理性犯罪的模式不可靠，那还有什么更好的解释？如今，艾瑞里从大量的实验中总结出一个新型理论，中心论点即人类的行为受两种相反的动因的影响。一方面，我们希望自己是诚实可敬的人，有良好的自我感觉（心理学家称为自我动因）。另一方面，我们希望从欺骗中获益，得到尽可能多的钱（这是标准的金钱动因）。人们在这两种动因中挣扎，寻求效用最大化。

在我看来，艾瑞里的理论是很有意思的。它表明，人的确是非常复杂的生物，并非一味地追求外在的好处，而是一方面想尽量捞好处，但另一方面又想尽量不把自己“弄脏”。应该说，相比于传统经济学，艾瑞里看到人的效用其实还包含人对公义的自我形象的满足，因此必须一并纳入考察才对。

人，天生有道德追求和道德约束，这实在好比是天使，制约着我们去犯罪。但人又总是有不择手段追求私利的冲动，这好比是魔鬼。人，就这样在义利之间挣扎、冲突。

义利相争的人性反映出基督教所讲的人的罪性，因为义在人身上是不完全的，因此所谓的“义”或许更接近虚情假意。而在现实中有罪的人对于社会而言则是非常可怕的，因为只要环境、条件合适，几乎人人都会自欺欺人地犯罪；总统固然是靠不住的，但其他人同样也是靠不住的，没有什么人是靠得住的，就连我们自己也都是靠不住的。

艾瑞里在书中就告诉我们，绅士般的高尔夫球手会在打球中欺诈，推销医药的代表与医生之间存在着“灰色”的利益关系，并影响到医生的公正性，金融服务业中反复上演着监守自盗的戏码，德高望重的学者同样会提交有失公允的鉴定意见，甚至你的私人医生会对你“杀熟”。根本原因就在于，我们每个人在欺骗时都有个度，只要没有超过这个度，我们就不至于有“罪恶感”，我们就都有可能会欺骗。金融危机的爆发不见得是有个大坏蛋从中搞鬼，也可能是因一群正常人集体性不诚实导致的严重后果。

除了上述非常重要的结论外，艾瑞里在书中还有许多精彩的发现。譬如，他通过“代币实验”发现：现金出现得越少，人类的道德就会越败坏。由此你可能会马上想到，当金融产品变得越来越虚无，越来越难与金钱联系在一起的时候（例如股票期权、金融衍生品和信用违约掉期），个人道德和社会道德必然变坏。

不用现金的交易其实是一种试探。《圣经》中有一种说法，就是有罪的人很难胜过试探，因此最好的办法并不是去试探，而是远离试探。但很可惜，如今的市场经济正越来越走向“试探经济”：不仅真金白银越来越让位于虚拟货币，各种委托—代理关系也越来越丰富，其链条越来越长，最终便是人和人之间的关系的疏远，欺骗也就更容易发生，进而无处不在。

有一个有趣的研究，第二次世界大战后有人专门研究为何纳粹的暴行会在欧洲文明社会出现。结论是：人们已经被某种虚无缥缈的主义迷惑，全神专注于“社会实验”，而忘了是在屠杀一个个有血有肉的生命。斯大林曾说，杀一个人是杀人，杀 100 万人，只是数字。同理，我们拿 100 元钱是偷，可能没人干；但通过网上银行诈骗，只是数字，没准大家都会干。

今天中国社会盛行的贿赂也是这样。你去送钱恐怕是会遭到拒绝的，因为这是赤裸裸地行贿，但你改为送张卡，人家很可能就“笑纳”了。为什么国有企业改制资产被侵吞，其中一个原因是这其中基本不是现金交易，而只是股权的置换，因此不容易让人产生“道德警觉”，更容易令人利令智昏。

也许你没注意到，我们疲惫的时候更容易冲动购物；在压力较大时往往经不住诱惑，会选择那些不健康的食物。艾瑞里由此又有重大发现，当人处于“自我耗竭”的时候，也更容易产生不诚实行为。因为领导（包括企业家）常常处于高度紧张、自我耗竭的状态，他们需要释放压力，需要弥补心理失衡，因此会比正常人更需要安慰，更容易受诱惑，更容易撒谎，更容易跌倒。有人提醒说，千万不要过于忙碌，让魔鬼钻了空子。牧师在一旁说，不，忙碌本身就是魔鬼。

艾瑞里还有许多其他很好的发现。比如，穿戴冒牌服饰的人可能更不诚实；我们会本能地高估自己的能力与智商；我们总喜欢夸大自己取得的成就并信以为真；我们的决策大多是依靠直觉做出的；爱说谎的人的大脑结构与常人不同；创造力越强，粉饰不诚实行为的能力越强（例如设计师和广告文案撰写人的道德弹性最大，而会计的道德弹性最低）；一个人不诚实的程度与他的智商无关；为了报复而选择欺骗他人。

除解释不诚实之起因，艾瑞里还推荐了一些能简单有效地减少不诚实的办法。比如，只要有道德标准的提醒，人们就会表现得更诚实。因此，在人们容易受到诱惑而发生欺骗行为时，进行道德提醒可能是个明智的做法。通常认为签名只是一种确认信息的方法（当然，签名的确可以达到这个目的），现在我们还注意到设定在表头的签名还有道德提醒的作用。也就是说签名的位置不同，谎报信息的程度也不同。建议我国的税务部门以后在设计报税单时，可将道德提醒的签名放在表头。

艾瑞里谈到了宗教对于诚实的价值，并推荐在政治、商业中借鉴。他引述《犹太法典》中记载的故事：一名宗教教徒非常渴望性，然后决定去嫖妓。当然，他的宗教信仰绝不会宽恕他的这种做法，但他对性的需求又十分迫切。和妓女独处一室后，他开始脱衣服，在脱衬衫时，他看到了自己身穿的有 4 个节边的流苏内衣。看见流苏内衣后，他就联想到犹太教的戒条，于是快速地转过身去，离开了房间，没有做出违反其宗教准则的行为。

艾瑞里还建议，应该排除利益冲突。例如，通过副业赚取报酬的财务顾问；担任某公司咨询顾问的审计员；当客户赢利时可获得一笔可观分红，而客户输得一干二净时自己却什么也不损失的金融专业人士；靠给公司评级获取利益的评级机构；接受企业和说客的资金和支持，以换取他们选票的政客。在这些例子中，最好的办法就是通过制订规范来避免。

最后，我们用图 1 来概括艾瑞里探索之旅的主要发现：左方表现的是增加不诚实行为的因素（合理化的能力、利益冲突、创造力、一个不道德的行为、精神耗竭、别人从我们的欺骗中获益、看见别人的不诚实行为及有着不诚实风气的文化氛围），右边是减少不诚实行为

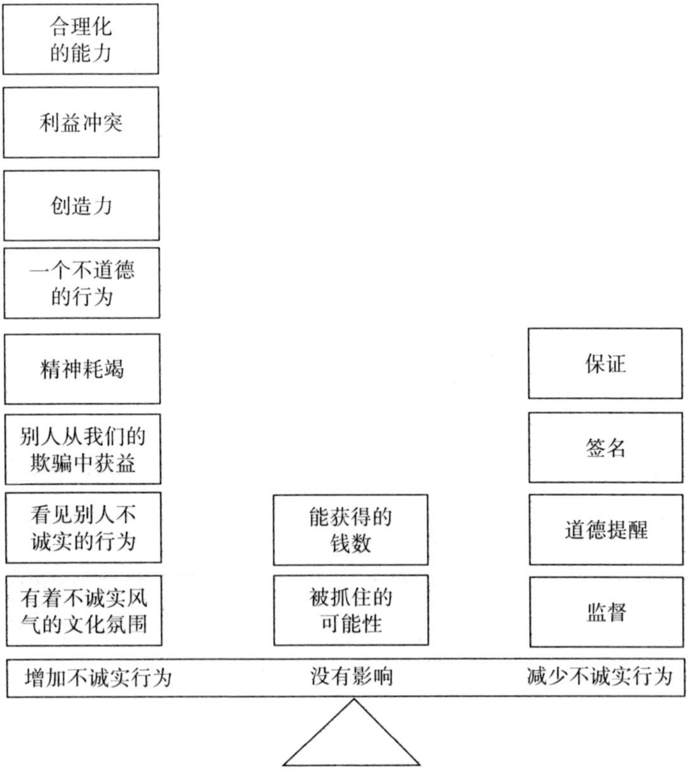


**图 1　造成不诚实的动因**

的因素（保证、签名、道德提醒和监督等），中间是没有影响的因素（能获得的钱数和被抓住的可能性）。如果你有足够的悟性，或许这张图可以帮助你，甚至对未来中国的诚信之路该如何起航、如何避免做无用功都有重要的启发！

《怪诞行为学4：诚实的真相》是一本好书，我非常乐意推荐朋友们学习、分享和思考！

赵晓

北京科技大学教授

推荐序3

## 不完美才是真实的人性

我们都不喜欢谎言，但是好好想想，你真的能接受一个没有谎言的世界吗？当你穿上一件自己喜欢的衣服时，你的爱人目不转睛地盯着你，说了句，“亲爱的，我打心眼儿里不想和你一块儿出门。”或者在相亲的时候，对面坐的那位相亲对象直接告诉你，“省省吧，也不拿面镜子照照自己。”再或者拔牙前牙医告诉你，“我可能需要比别的医生多一倍的时间，因为你是我的第一个病人。”谎言的历史也许和人类的语言史一样长久，不过幸亏它并非也不应该是历史的全部，但也正因为有了谎言才显出诚实的可贵。

该书没绕弯子，不兜圈子，开篇就说出了如何检验一个人是否诚实。丹·艾瑞里引述了幽默大师格罗克·马克思的一段话，“有一种方法可以让你知道某人是否诚实——直接问他，如果他说‘是的，我很诚实’，那他肯定是一个骗子。”换句话说，一个声称自己从来不说谎的人肯定是个骗子。当然公布这个标准，丹·艾瑞里也给自己挖了一个大坑。遇见一个研究谎言的科学家难免激起我们巨大的好奇心和旺盛的挑战欲，这个人会说谎吗？所幸丹·艾瑞里没有回避这个问题，他说，“请恕我直言，别人会说谎，你会说谎，当然，时不时我也会说谎。”在他前两本畅销书《怪诞行为学》和《怪诞行为学 2》中我们了解到，丹·艾瑞里曾经勇敢地面对烧伤带来的痛楚和折磨，这次他更勇敢地拿出了自己说谎的经历与大家分享。正因为作者的诚实，这本讲述谎言的书才让人读得心服口服。

从安然公司的倒闭到 2008 年的金融危机，书中用大量的例子分析了谎言对公司和组织生存的破坏性。最可怕的是那些公司的员工已经意识不到自己在说谎，信托基金的管理人不会在大街上拦路抢劫，却从客户手中拿走了百万元、千万元。在丹·艾瑞里看来这要归结于我们发达的合理化能力，人们总能为自己的欺骗行为找到合理的借口和解释——“我要保证股东获得最大利益”“我要为公司几千人的饭碗考虑”“别人比我们更过分”，以及“我是为了团队其他成员”。我们经常偷偷修改诚实的标准，同时还一味指责说谎的都是别人。最让人深信不疑的谎言不是出自别人的嘴而是我们的心。书中丹·艾瑞里深刻分析了为什么企业与组织在谎言的道路上会越陷越深。

在作者前后涉及几千人的对于不诚实的研究中，非常贪婪的骗子只让他们损失了几百美元，而造成上万美元损失的人恰恰是那些只撒了些小谎的人，因为他们数目众多。个别明目张胆的罪犯造成的损失往往是可以计数的，但是各种为了小便宜的小欺骗给社会造成的损失反倒是无可估量的，比如很多人都会觉得下载几首盗版歌曲、买几张盗版碟不算什么不道德的行为，但是当越来越多的人这样做时可能就会搞垮一个产业。在一个虚拟货币日益盛行的时代，这样看似不涉及现金的不诚实绝对不可小觑。丹·艾瑞里最有启发性的观点之一是，抑制这些欺骗可能比抓几个麦道夫之流来得更实际有效，因为这样的欺骗行为不仅让人们的道德底线越来越低（书中一个有趣的例子是连戴假名牌墨镜都会让人的诚实程度降低），而且这种行为还具有传染性，人们会相互模仿，这一点也许对正在经历信任危机的中国社会是一个深刻的提醒。

那么，我们为什么会说谎呢？这个问题是如此的重要，如果不知道不诚实的原因就无法预防或减少欺骗的发生。那么你有没有想过自己为什么说谎呢？之前较为盛行的观点来自理性经济学，人们基于对各种情况的理性分析来决定是否犯罪，换句话说，有关诚实的决策与多数其他决策一样是以成本—收益分析为根据。这个观点认为，人下载盗版音乐原因有二，一是可以不用花钱听歌，二是觉得自己不会被抓住，这样的人不会想到这一行为的对错，只会想到这样做的利弊，如果利大于弊人们就会选择不诚实。这似乎很有道理，可是并非全部真相，按照这个观点似乎人一有机会就会不诚实，但事实并非如此，你可能会下载盗版音乐却不会拿别人半毛钱现金。全书最具颠覆性的部分恰恰是对这一理性经济学假设的质疑。

丹·艾瑞里关于人不诚实理论的核心是，一方面我们希望自己是诚实可敬的人，另一方面我们希望从欺骗中获益，正是这两种相冲突的动因的博弈决定了我们是否会说谎或者不诚实到什么程度。换句话说，如果你真的认为下载盗版音乐等于偷了别人10元钱，你可能就不会为了省钱而下载，因为这会让你每天都惴惴不安，每听一次音乐都是一种惩罚。你更不会随便欺骗你真正爱的人，哪怕这对你有利，因为这可能让你内疚一辈子。不诚实对自我印象的破坏而不是说谎的性价比决定了我们不诚实的界线，比起不诚实换来的外在价值，我们可能更看重说谎的内心代价，即我们会不会认为自己是个“坏人”，丹·艾瑞里称之为“经验系数”。

该书不仅讨论了人为什么说谎，还详尽地讨论了哪些因素会让人更容易不诚实，你知道吗，更富创造力的人也许更容易说谎，精疲力竭也让人对不诚实缺乏抵抗力……基于上述的发现，丹·艾瑞里对如何提高个人与组织的诚信水平，减少不诚实的行为做了一些开创性的研究。我们高兴地看到，原来减少不诚实的措施不仅简便易行而且十分有效。他的重要研究发现之一是，只要把各种申报材料的签名栏从底部挪到顶部就可以减少不诚实情况的发生，比如申报个税或者投保车险时填写已行驶里程数时。丹·艾瑞里认为人在受到诱惑时只要回想道德标准就能创造奇迹，但是这种提醒应该在我们面对诱惑之前而不是万事大吉之后。类似有趣而实用的方法书中还有不少，从对付想作弊的学生到喜欢“杀熟”的牙医，还有如何规避合作中的不诚实行为等。

研究不诚实的目的并非为了消灭谎言，不完美才是真实的人性，但是丹·艾瑞里的研究让我们增长了对人性的洞察力，也帮助我们在面对人性的弱点时不再感到茫然无助。相信每一个敢于面对自己不诚实的人，每一个想让这个社会更诚实的人，都能从这里找到你感兴趣的“诚实真相”。

你努力做到更诚实的朋友

汪冰

前　言

## 为何不诚实的行为如此让人着迷？

有一种方法可以让你知道某人是否诚实——直接问他。如果他说“是的，我很诚实”，那他肯定是一个骗子。

**格罗克·马克思**

我对欺骗现象的关注始于 2002 年，就在安然公司破产数月之后。当时我在参加一个为期一周的科技会议，在某天晚上喝酒的时候，我碰到了约翰·佩里·巴洛。我知道约翰以前是“感恩而死”乐队的作词人，但通过交谈，我还发现他曾给几家公司当过顾问，其中就包括安然公司。

也许你不曾关注发生在 2001 年的那些事，那我在此简略地提一下安然公司这个“华尔街宠儿”在那一年的经历吧：通过企业顾问、信用评级机构、公司董事会和现已不复存在的会计师事务所“安达信”瞒天过海，瞒报账目，积累大量财富，直至其欺诈行为昭然于世，才轰然倒塌。最后，安然公司的股东落得个血本无回，养老金计划成为泡影，成千上万名员工丢了工作，公司也随之倒闭。

跟约翰聊天时，他讲到自己曾对安然公司的状况一厢情愿地盲目乐观，我对他这番话很感兴趣。虽然约翰在担任安然公司的顾问时，该公司的财务情况已失控，他却说他从未发现公司有任何运作不当的地方。事实上，在各大新闻头条报道安然公司的丑闻之前，他本人完全认同安然公司是新经济的领军企业这一观点。更令人惊讶的是，他说在新闻刚报道此事时，他都不敢相信自己始终都没看出公司有任何诈骗的迹象。他的话让我很诧异。在与约翰聊天之前，我认为安然公司的破产基本上是由 3 个阴险的首席设计师（杰弗里·斯基林、肯尼斯·雷和安德鲁·法斯托）造成的。这三个人共同谋划并实施了一场大范围的账目核算阴谋。但此时，与这个我既喜欢又崇拜的约翰坐在一起，他与安然公司有着千丝万缕的联系——他只是盲目乐观，并非刻意欺骗。

当然，约翰和其他被卷入安然事件的人都可能很腐败，但我想也许还有另一种欺骗形式的存在——由于单方面的盲目乐观所导致，而这一形式的践行者往往是约翰以及你我这样的人。我开始怀疑这种欺骗是否只有少数几个坏人所为，或者这种一厢情愿的盲目乐观在其他公司是否也存在①。还有一点我很好奇，如果我和我的朋友当时也是安然公司顾问团成员，我们是否也会像约翰一样。

我开始着迷于欺骗和不诚实这一话题。欺骗从何而来？人类具备

---

① 从那时起，持续涌现的公司丑闻清楚地回答了这个问题。

了什么能力能使自己做到表面上不诚实，但内心却认为自己是诚实的呢？更重要的是，欺骗行为仅仅是少数坏人的行径，还是一个更为普遍的问题？我意识到，最后一个问题的答案可能会彻底改变我们应对欺骗的方法：如果世界上大多数的欺骗只由几个坏人来承担责任，我们可能会很容易地解决这个问题。公司的人力资源部可以在招聘过程中筛出骗子，该部门也能通过排除那些被证明是不诚实的人以使得招聘过程更合理。但如果不诚实的问题并不仅仅局限于少数几个坏人，可能意味着所有人在工作或生活中都会有不诚实的行为。如果我们每个人都有可能成为罪犯，那么当务之急就是要搞清楚不诚实的行为从何而起，然后再找出遏制和控制我们这方面本性的方法。

我们对欺骗的原因有哪些了解呢？从理性经济学的角度来看，对欺骗原因较为盛行的观点来自芝加哥大学的经济学家、诺贝尔奖获得者加里·贝克尔。他提出，人们基于对各种情况进行的理性分析来决定是否犯罪。正如蒂姆·哈福德在他的书《谁赚走了你的薪水》中提到的那样，这个理论的产生过程并没有什么特别之处。某天，停车场规定的车位满了，贝克尔决定冒着收到交通罚款单的风险——违章停车。也正因此，他开会才没有迟到。而后，贝克尔对这种情况下的思考过程进行了反思，注意到他做出这种决定完全是在权衡违章停车可能会产生的代价（如被抓到、被罚款、车被拖走）和及时参加会议的好处。他还注意到在权衡代价和好处时，并没有考虑过这样做是对还是错，而只是对可能的积极结果和消极结果进行了比较。

就这样，理性犯罪的简单模式（SMORC）这一概念诞生了。根据这个模式，我们的想法和行为与贝克尔如出一辙。就像一个普通的抢劫犯一样，我们在这个世界闯荡时，总会寻求自身的利益。从代价与收益的理性评估角度看，无论是通过抢银行还是写书来寻求利益都是无关紧要的。根据贝克尔的逻辑，如果我们的资金短缺，而又恰巧开车经过一家便利店，我们会马上估计店内的钱箱里有多少钱，会考虑被抓住的可能性，还会想象如果被抓到会有什么惩罚在等着我们（这样做显然降低了表现良好的可能）。基于这个成本—收益分析，我们便可决定抢劫这家便利店是否值得。贝克尔理论的本质在于有关诚实的决策与多数其他决策一样，都是以成本—收益分析作为根据的。

理性犯罪的简单模式是非常直接的欺骗模式，但问题在于它是否准确地描述了人们在真实世界中的欺骗行为。如果是正确的，那么就有两种明显的方法可以用来应对欺骗。第一种方法是提高抓住骗子的概率（例如召集更多的警察，安装更多的监控摄像头等）。第二种方法是加大对骗子的惩罚力度（例如刑期更长、罚金更高等）。我的朋友，这就是理性犯罪的简单模式，它对法律执行、惩罚以及欺骗具有普遍的指导意义。

但是，如果理性犯罪的简单模式对欺骗的简单阐释是不正确或是不完整的呢？若真是这样，那么抑制欺骗行为的标准方法就会是低效且不充分的。如果理性犯罪的简单模式并不能完美地解释欺骗的原因，那么，我们应该首先弄清楚造成人们欺骗的真正动力是什么，然后，再将这个更为深刻的认识运用到对欺骗行为的应对中去。这也是本书要讨论的问题。①

① 本书除了探究不诚实的话题以外，也涉及了理性和非理性。尽管不诚实的话题在人类寻求自身权利时常受人关注，记住不诚实只是我们有趣而复杂的人性中的一部分。

## 理性犯罪模式的世界

对那些影响我们诚实与不诚实的原因进行检验之前，让我们先做一个需要快速思考的实验。如果一味严格遵守理性犯罪的简单模式，只考虑自身行为的损失和利益，我们的生活会是怎样的？

如果生活的世界单纯地按照理性犯罪的简单模式运行，我们就会对自己做过的所有决定进行成本—收益分析，我们只会做看似最合理的事情。我们不会依据情感或信任程度来做决定，所以，就算只离开办公室 1 分钟，我们多半也会将钱包锁在抽屉里。我们会把现金藏在床垫下或锁入隐蔽的保险箱内。外出度假时，我们会因为害怕邻居顺手牵羊拿走家里的东西，而不愿意请他们代取信件。我们会像防贼那样防着我们的同事。以握手表示达成协议的形式不再使用，所有交易都需要有合同，这也意味着我们在打官司和诉讼案件上会花费大量的时间。我们可能会决定不要小孩，因为他们长大后，很可能会偷走我们拥有的一切，让孩子住在家里更是为他们提供了大量的可乘之机。

大家都知道人无完人，我们都有很多的缺陷。如果你也认为理性犯罪的简单模式下的世界并不是我们的想法和行为的真实写照，也不是我们日常生活的准确描述，这个思考的实验就可以表明，如果我们真是完全理性的，并且只为自身利益而行动，那我们欺骗和偷盗的次数就不会那么多了。

## 热心的志愿者们

2011 年 4 月，伊拉 · 格拉斯的《美国生活》电视秀讲述了年轻的大学生丹·韦斯的故事。丹·韦斯曾在位于华盛顿的美国约翰·肯尼迪表演艺术中心工作，其工作的主要内容是在艺术中心的礼品店盘点库存。礼品店的销售队伍是 300 名好心的志愿者，他们大多数都是热爱戏剧和音乐的退休人员。

礼品店的运作方式与柠檬水站相似。店内没有收款机，只有钱箱。志愿者将现钞放入钱箱，并从钱箱中找零。礼品店的生意非常好，每年的销售额达 40 万美元。但志愿者发现了一个大问题：40 万美元的年收入中总会有 15 万美元不翼而飞。

于是，当丹被提升为经理时，他承担了抓小偷的任务，他怀疑小偷是一位负责将现金存入银行的工作人员。于是，丹联系了一家隶属于美国国家公园管理局的侦探所。侦探所的一位侦探帮丹制订了诱捕行动计划。2 月的某个晚上，他们设下了圈套。丹在钱箱里放了带有标记的钱，然后离开现场，和侦探一起藏在附近的灌木丛里，等着人赃俱获。当这位嫌疑人要动身回家之时，他们将他扑倒在地，并在他的口袋里发现了一些做了标记的钱。案子算是告破了，对吗？

然而，结果表明这个案子并未了结。这个年轻雇员那晚只偷了 60 美元，而且，就在他被解雇后，现金和商品仍然不断丢失。后来，丹建立了一套价格清单和销售记录在内的库存系统，他要求员工记录下他们售出的物品以及所收的金额。后来的情况你肯定猜到了：偷盗的现象再也没有出现。失窃问题并非某个一个贼的所为，而是众多年至退休、满怀好意且热爱艺术的志愿者对商品和零钱不问自取的结果。

这个故事并不鼓舞人心。丹说：“只要有机会，我们都会偷取东西……多数人都需要时刻控制自己才能不走歪路。”

人们认为理性的成本—收益因素会引起欺骗行为，但你会看到这些因素并不会引发欺骗行为；而我们认为并不重要的非理性因素常常会引发欺骗行为。也就是说，在一大笔钱消失时，我们通常会认为这是某个无情的罪犯所为。但正如我们在艺术爱好者这个故事中看到的那样，欺骗不一定是某个人在做了成本—收益的分析后，偷取了一大笔钱。相反，可能是许多人一次又一次心安理得地拿走一点儿钱或商品的结果。接下来，我们将探究那些促使我们行骗的原因，并看看什么能使我们更加诚实。我们将讨论是什么促使不诚实行为的出现，以及我们如何能在为自身利益去欺骗的同时还能维护自身形象——正是我们自身行为的这一方面造成了我们多数时候的不诚实。

当我们探究欺骗背后的基本趋势时，会借助一些实验来帮助我们发现在人们的日常生活中，提高或降低欺骗概率的心理和环境原因，这些动因包括利益冲突、伪造品、抵押品、创新力或仅仅只是累了。我们还将研究不诚实的社会动因，包括他人如何影响我们的是非观念，以及当他人也能因我们的不诚实而获益时，我们所拥有的欺骗能力。最后，我们将试着理解不诚实的行为是怎样发生作用的，它是如何依赖于日常环境，以及在什么样的情况下我们更有可能或更不可能去欺骗。

除了探究造成不诚实行为的原因以外，行为经济学主要的实际效益之一就是向我们展示内部和外部环境对我们行为的影响。一旦对影响自己行为的原因有了更为清楚的理解，我们就会发现在人类愚蠢（包括不诚实）的举动面前，我们不是孤独无助的。我们可以改善周围的环境，而且通过改善环境，我们能表现得更好，得到更好的结果。

我希望我在后面章节中所描述的研究，能够帮助我们理解造成不诚实行为的原因，并找出一些有趣的方法来克制和限制这种行为。

现在，开始我们的探索之旅吧……

The (Honest) Truth
About Dishonesty

# 第 1 章

# 测试理性犯罪的简单模式

请恕我直言，别人会说谎，你会说谎，当然，时不时我也会说谎。

作为一名大学教授，为了使我的学生对课堂内容感兴趣，我会尝试在方式上加点花样，如偶尔邀请一些风趣的客座讲师到课堂上演讲。这样做减少了我备课的时间，对客座讲师、学生和我来说也是一个多赢的办法。

一次，在这种“轻松教学”的行为经济学的课堂上，我请到一位特别来宾。这位来宾英明睿智，名声显赫，系出名门，在成为知名银行和执行总裁的商业顾问前，他在普林斯顿大学获得商学学士学位，而后又获得法学博士学位。我告诉学生们：“在过去的几年里，这位卓越的来宾帮助很多商业精英实现了他们的梦想。”

伴随我的介绍，这位来宾走上讲台。从一开始他就表现得十分直率，像尊巴教练那样。他慷慨激昂地说：“今天，我要帮助你们达成梦想——你们想要赚钱的梦想！你们想赚钱吗？”

每个学生都点头大笑，十分欣赏他这种热情洋溢、不刻板拘泥的授课方式。

他问道：“在座的各位谁比较富有？我知道我很富有，而你们这些大学生并不富有。确切地说，你们都是穷人。但是，通过欺骗就能改变这种现状！你们还在等什么？”

随后，他列举了一些臭名昭著的骗子的名字，有 10 多位执行总裁，还有曾服用违禁药物的著名职业棒球运动员罗德里格斯，操纵过“庞氏骗局”的伯纳德·麦道夫，卷入证券内幕交易丑闻的玛莎·斯图尔特等。他告诫学生：“你们肯定都想拥有像他们那样的权力和财富！而实现的方法只是通过欺骗。注意了，我马上就会告诉你们这其中的秘密。”

在这样一番鼓舞人心的开场白后，到了小组练习时间。他让学生闭上双眼，深呼吸 3 次。然后说：“假设你欺骗了别人，骗到 1 000 万美元，第一次拥有这么多钱，你会用这笔钱做什么呢？穿蓝绿色衬衫的同学，你来回答。”

被点到的这个学生腼腆地答道：“我会买幢房子。”

“房子？我们有钱人称为豪宅。你呢？”他指向另一名学生。

“去度假。”

“是去你的私人岛屿吗？答得好！当你像那些大骗子那样赚钱的时候，就是你人生改变的时候。在座的各位有比较讲究饮食的吗？”

有几位学生举起了手。

“由雅克·贝潘亲自烹饪的食物，你觉得如何？品尝新教皇城堡中的红葡萄酒，怎么样？要是能赚到足够多的钱，你就永远都能过这样的生活。问问唐纳德·特朗普你就知道了！你看看现在，为了 1 000 万美元，你可能会驱车碾过你的男朋友或女朋友。我此行的目的就是告诉你这没什么，我就是来给你的车松手刹的人。”

一开始，大多数学生都意识到他们并不十分赞同这个严肃的讲师。但是，在分享了 10 分钟第一次拿到 1 000 万美元后会做出哪些激动人心的事之后，这些学生开始在“想要变得富有”的欲望和“欺诈是不道德”的认知之间彷徨。

这位讲师又说：“我能感受到你们的彷徨。你们一定不能让自己的情感支配你们的行为，必须通过成本—收益分析来战胜自己的彷徨。”接着，他又问道：“支持通过欺骗变富有的理由有哪些？”

“你会变得富有！”学生们回答道。

“回答正确。反对的理由又有什么呢？”

“你会被抓个正着！”

讲师又说道：“对，你有可能会被抓个正着。但是，秘密就在于此。欺骗时被抓个正着与因为欺骗而被惩罚不是一回事。拿世通公司前首席执行官伯尼·艾伯斯的例子来说，他的律师说艾伯斯对发生的事情毫不知情，这简直是胡说八道。又如安然公司的前首席执行官杰夫·斯基林的案例，他曾写过一封电子邮件，内容是，‘销毁这些文件，它们对我们不利。’而斯基林在随后的证词中却说自己只是‘嘲讽’而已！现在，即使这些狡辩都没有用，你还是可以逃到没有引渡法的国家。”

这位客座讲师在现实生活中其实是一名喜剧演员，名叫杰夫·克莱斯勒。他同时也是讽刺书刊《通过欺骗致富》的作者。他的演讲使学生在做金融决策时，难以判断纯粹以成本—收益为基础而不考虑道德因素的做法是否正确。听完杰夫的讲座，学生们意识到，从完全理性的观点来看，杰夫是完全正确的。但是，他们也不由地对欺骗是通往成功的最佳途径这一观点感到不安和反感。

在这节课的最后时刻，我要求学生们就其自身行为与理性犯罪简单模式的契合程度进行思考。我问道：“你们平常骗人却不被逮到的机会多吗？你们又利用过多少次这种机会？如果每个人都采纳杰夫那种成本—收益方法，我们的周围是否会变得欺骗频发呢？”

## 如果可以，你会选择作弊吗？

贝克尔与杰夫的欺骗方式都由 3 个基本要素构成：一是从罪行中获得的利益；二是被抓住的可能性；三是被抓后受到的可预料到的惩罚。通过第一个要素（收益）和后两个要素（成本）相比较，理性的人们就能判断触犯某项罪行是否值得。

现在，理性犯罪的简单模式可能就是人们对诚实与欺骗所做的决策方法的确切描述，但从我的学生（和我自己）对理性犯罪的简单模式这一含义的担忧表明，这种方法的实际作用值得深究。（下面几页内容会引入整本书关于测评欺骗的方法的详细内容，所以，请加以注意。）

我和我的同事妮娜·马萨尔（多伦多大学教授）及昂·埃米尔（加州大学圣迭戈分校教授）决定更深入地研究人们是如何行骗的。我们在麻省理工学院（当时我在此任教）的校园里贴满告示，上面说欢迎学生参与我们的实验，参与者只需拿出 10 分钟的时间就可以赚得 10 美元。[①]指定时间一到，实验参与者走进某个房间，坐在带有小桌的椅子上（典型的考试用椅）。接着，每位参与者都会得到一张画有 20 个矩阵[②]的纸（矩阵的结构与第 8 页图 1–1 中给出的例子类似），

① 看过《怪诞行为学》这本书的读者可能会见过该书第 1 章和第 2 章“诱饵效应”的一些内容。

② 在数学上，矩阵是指纵横排列的二维数据表格。

并被告知其任务就是找出每个矩阵中相加得 10 的两个数字（我们称其为矩阵任务，这本书会常提到这个任务）。我们还告诉他们，他们有 5 分钟的时间来完成这 20 个矩阵任务，解决的数量越多越好。每得出一个正确的答案，就可获得 50 美分（金额会根据实验的不同而有所调整）。当实验人员说“开始”时，参与者将纸翻开，尽可能快地解决这些简单的数学问题。

下一页（图 1–1）便是这张纸的一个模板，其中一个矩阵是放大的。你能在多短的时间内找到加起来等于 10 的一对数字呢？

所有参与者就是这样开始这个实验的，但是在最后 1 分钟发生的事会因某些特殊条件的出现而有所不同。

设想你正处于控制条件组中，且正忙着尽可能多地解决这 20 个矩阵问题。一分钟过去后，你解决了 1 个。两分多钟后，你解决了 3 个。最后，时间到了，你完成了 4 个矩阵问题，赚到了 2 美元。你走到实验人员的桌子前，递交了答卷。检查了你的答案后，实验人员赞赏地笑了，说：“解决了 4 道题。”然后，数出你应得的钱，说道：“来，这是你的奖励。”你拿了钱，便离开了。（在这个控制条件组中，分数代表此矩阵任务的实际完成情况。）

现在，假设你处于另一个被称作粉碎机条件的实验中。在此条件下，你有机会作弊，且其条件与控制条件组相似，不同的是，5 分钟后，实验人员会告诉你，“现在时间到了，请数出你的正确答案，并将你的答卷放入房间后面的碎纸机里进行粉碎，然后告诉我你正确解决了多少个矩阵问题。”当你处于前一条件组，你可能会乖乖地算出答案，粉碎答卷，报告你的测试结果，然后拿钱离开。

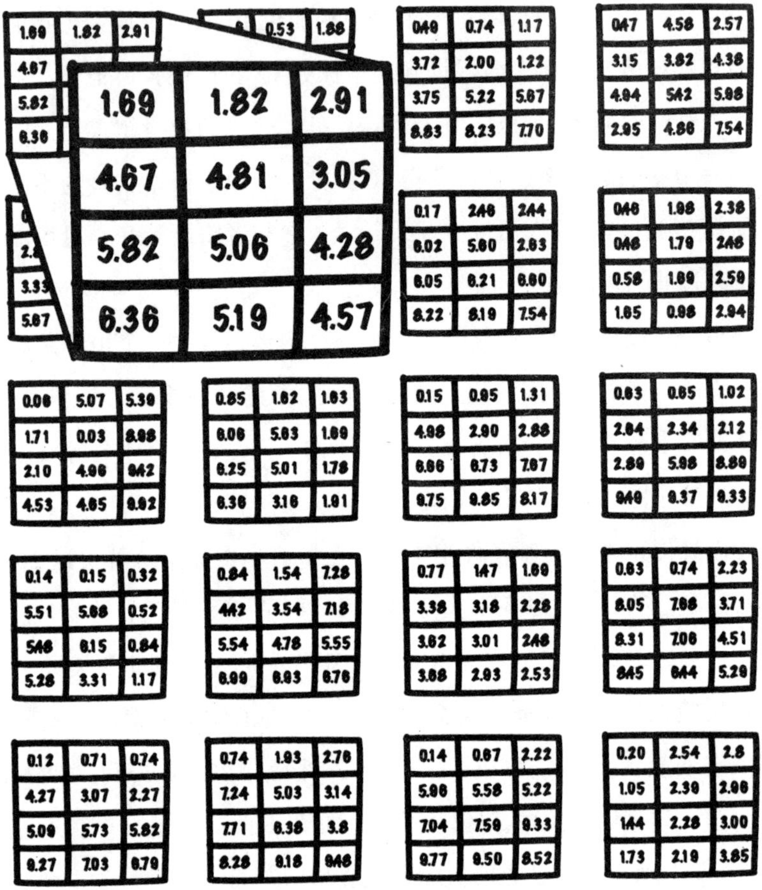


图 1–1　矩阵模板示例图

如果你参与的是粉碎机条件下的实验，你会怎样做？会作弊吗？如果会，会谎报自己算出了多少个正确答案呢？

有了这两种条件下的结果，我们就可以比较参与者在无法作弊的控制条件下的表现及在可以作弊的粉碎机条件下的表现。如果得分相同，我们就能得出参与者没有作弊的结论。但如果根据统计结果看出人们在粉碎机条件下做得“更好”，那么我们就能得出结论：一旦有机会销毁证据，参与者就会夸大自己的表现（欺骗）。而参与者声称自己正确解决的矩阵问题数与其在控制条件下实际解决的矩阵问题数之差，就是他们的欺骗程度。

结果也许并不令人意外，我们发现一旦有机会，许多人就会谎报他们的得分。在控制条件下，20 个矩阵问题中参与者平均可以解决 4 个问题。而在粉碎机条件下，他们声称自己解决的平均问题数为 6 个——比控制条件下多了 2 个。总体表现的提高并不是几个人对自己解决的矩阵问题数谎报得太多的结果，而是很多人各谎报了一点儿的结果。

## 钱越多就越容易诱发欺骗行为吗？

在掌握了诱发不诚实行为的基本因素后，我与妮娜还有昂开始调查影响人们的欺骗行为的原因。理性犯罪的简单模式告诉我们，当人们有机会得到更多的钱且不会被抓到或被惩罚时，就容易产生欺骗行为。这个说法听上去很简单，也很吸引人，所以我们决定接下来要对其进行验证。我们设计了另一个版本的矩阵实验，这个实验与上一个的不同之处在于，参与者正确解决矩阵问题后得到的报酬数将有所改变。某些参与者每解决一个矩阵问题就能得到 25 美分，还有的参与者会得到 50 美分、1 美元、2 美元或 5 美元。如果我们所承诺的最高报酬是每解决一个矩阵问题能得到 10 美元，你认为会发生什么呢？欺骗的数量会随着报酬的增加而增加吗？

在揭晓答案之前，我想先给你讲一个相关的实验。这一次，我们请了一批新的参与者，他们不用去完成矩阵任务，只需预测那些在粉碎机条件下接受了不同额度报酬的参与者会说他们正确解决了多少个矩阵问题。这批参与者预测：随着报酬的增加，当事人声称其正确解决的矩阵问题数会增加。基本上，他们凭直觉得来的结论与理性犯罪的简单模式的假说是相同的。但是，他们的判断错了。结果证明，当我们查看欺骗的程度时，无论报酬是多少，参与者平均都只多报了 2 个问题。实际上，当我们承诺每解决一个矩阵问题能得到 10 美元的最高报酬时，欺骗程度甚至略微下降。

为什么欺骗程度没有因为报酬的增加而上升呢？为什么报酬最高的时候，欺骗程度反而降低了呢？人们对报酬的不敏感表明，欺骗行为很有可能不是通过成本—收益分析得出的结果。如果是通过成本—收益分析得来的结果，利益的增加（报酬的增加）就应该引起更多的欺骗才对。为什么报酬最高的时候，欺骗程度却会下降呢？我猜想，当参与者每解决一个矩阵问题就能获得 10 美元时，他们很难做到在欺骗的同时仍然认为自己是正直的（我们后面还会就此进行讨论）。当正确解决每个矩阵问题可得到 10 美元时，我们所说的欺骗程度并不像从办公室拿走一支铅笔那样轻松，这时的欺骗行为与从办公室取走几盒钢笔、一个订书机以及一令打印纸更为相似。这种行为难以让人忽视或将其理性化。

## 抓住那个“小偷”

我们下一个实验将要关注的是，当参与者感到自己很可能会被抓住时，会发生什么。在这个实验中，我们主要使用了一台局部安全监视器，其作用等同于人在监视。

我们要求一个小组的参与者粉碎掉一半的答卷，这就意味着，如果他们作弊的话，我们就有可能从中得到证据。我们又要求另一组参与者粉碎他们所有的答卷，这就意味着就算他们作弊也不会被发现。最后，我们要求第三个小组粉碎其全部答卷，离开测试房间，并从一个装有超过 100 美元的零钱和硬币的大钱箱中自行取出报酬。在这个自取报酬的条件下，参与者不仅能在作弊后不受惩罚，还可能多拿报酬。

这次我们换了另外一个小组，让他们预测在每个条件下参与者会说出自己解决了多少个问题。他们又一次认为欺骗行为的趋势会遵循理性犯罪的简单模式，预测参与者在被抓到的可能性降低时，会称自己解决了更多的矩阵问题。

我们得到了什么结果呢？大多数人依然作弊，但谎报的数目并不大，这 3 种条件下（粉碎一半的答卷，粉碎全部答卷，粉碎全部答卷并自取报酬）的欺骗程度是相同的。

现在，你可能会怀疑参与者是否真的相信在我们的实验条件下，他们可以作弊且不被抓住。为了证明这一点，我、雷切利 · 巴肯（本古里安大学教授）和安娜维 · 马哈巴尼（与雷切利一起工作的硕士研究生）做了另一项研究。研究中，安娜维或另一位助理研究员塔里负责监督实验。安娜维与塔里在许多地方都很相似，但值得注意的是，安娜维是位盲人。也就是说，当她负责监督时，参与者更容易作弊。当参与者在堆满钱的桌子上拿走自己的报酬时，他们想拿多少就拿多少，因为即使他们多拿了，安娜维也看不到。

那么，在安娜维负责监督时，参与者的欺骗程度会更高吗？答案是，他们虽然会多拿一些钱，但无论是安娜维负责监督还是塔里负责监督，参与者拿的钱数都是一样的。

实验结果说明，被抓的可能性对欺骗程度并无太大影响。当然，我并没有说被抓的可能性对人完全没有影响，毕竟不会有人在身旁站着警察时偷车。结果同时也表明了，被抓的可能性对我们的影响并没有预期的那样大，且其在实验中没有起作用。

你可能还在怀疑实验的参与者是否存在这样的逻辑："如果我只在少数问题上作弊，就没有人会怀疑我。但如果我作弊的问题数量过多，就可能会引起怀疑或受到他人的质问。"

我们在下面的实验中测试了这个可能性。这次，我们告诉 1/2 的参与者：一般的学生能在这个实验中解决大约 4 个矩阵问题（这是真实数据）。而告诉另外 1/2 的参与者：一般的学生能解决大约 8 个矩阵问题。我们为什么要这样做呢？如果决定作弊又不想表现得太明显，参与者在两种情况下都会说自己解决的矩阵数比自认为的平均数高（也就是说，当他们认为平均成绩是 4 时，会谎称自己解决了 6 个矩阵问题；认为平均成绩是 8 时，会谎称自己解决了 10 个矩阵问题）。

如此一来，当这些参与者估测别人解决了更多的矩阵问题时，他们又会怎么做呢？结果是，他们丝毫没有受到这个想法的影响。无论他们认为平均解决的问题数是 4 个还是 8 个，他们报告的矩阵问题解决数量比自己实际解决的矩阵问题都多出 2 个（如果他们自己实际解决了 4 个矩阵问题，就会报告说解决了 6 个问题）。

这个结果表明，决定欺骗程度的因素不是担心太突出。相反，我们做出的欺骗行为的程度是以自身道德感所能接受的程度为限。从本质上来说，我们欺骗的程度取决于不伤害自身的诚实形象。

## 市场商贩和出租车司机比人们想象的更公正

有了与理性犯罪的简单模式针锋相对的初步证据，我和雷切利决定走出实验室，到更为自然的情境中继续研究。我们希望研究人们每天都可能碰到的情境，测试“真实的人”，而不仅仅是学生（尽管我发现学生并不喜欢自己被当作不真实的人）。我们此前做的实验范例中缺少了一种成分，就是能使人们得到表现良好、表达仁慈的机会。在实验室里进行的实验，参与者最多只能做到不作弊而已，但在真实情景中，人们可以更仁慈、更慷慨。考虑到这个细节后，我们既能测试出人性中消极的一面又能测试出其积极一面的情境。

假设一家大型的农贸市场沿街而立，街道有多长，市场就有多大。该市场坐落于以色列南部城镇比尔谢瓦中心。天气很热，很多商贩都在自己的店铺前摆出商品来卖，街道两边都是如此。你可以看到一盘盘橄榄和奶酪，闻到新鲜的香草，冒着酸气的泡菜，刚出炉的面包和熟透了的草莓的气味。你的耳边回响着商人的叫卖声，“最后一天大减价”“又香又甜”“便宜卖了”。

安娜维拄着白手杖和塔里一起来到农贸市场。他们沿着不同的方向，都去了几家蔬菜店。每到一家蔬菜店，他们都会告诉商贩自己还需要办点儿别的事，并请商贩在他们离开后为他们称 2 公斤西红柿。提出要求后，他们就会离开蔬菜店 10 分钟，然后再回来取西红柿，直接付钱并离开。接着，他们会把从各处买来的西红柿拿到市场尽头的另一位商贩那里，请他鉴定西红柿的质量。通过比较安娜维和塔里各自买来的西红柿，我们就可以看出谁买到的西红柿质量更好，谁买到的质量更差。

安娜维是否受到了不公平的对待呢？如果只从理性的角度来看，商贩挑选出卖相最差的西红柿给安娜维是可以理解的。毕竟，再好看的西红柿，安娜维也是看不到的。传统经济学派，例如芝加哥经济学派可能还会认为，想要使所有人（商贩、安娜维以及其他顾客）的社会福利最大化，商贩就应该将卖相最差的西红柿卖给安娜维，把卖相好的西红柿留给那些能够从中获得感官愉悦的顾客。但实验的结果是，商贩们为安娜维挑选的西红柿的外表并不是很难看，实际上，甚至比塔里买到的还更好看一些。这些商贩不计损失、不怕麻烦地为一位盲人顾客挑选出质量较高的西红柿。

有了这些乐观的结果后，我们紧接着去探究另一个饱受质疑的职业：出租车司机。绕路是出租车行业一个比较流行的做法，指的是出租车司机会载着不知道路线的乘客绕路，这样做能多赚很多钱。例如，一项关于拉斯维加斯的出租车司机的研究发现，从麦卡伦国际机场出发到拉斯维加斯大道的出租车，如果走洲际 215 高速公路，原本应为 3.2 公里的路程经此一绕，可使出租车司机收取的费用增至 92 美元。

考虑到出租车司机的坏名声，人们难免会怀疑他们平时也经常撒谎，或者有可能去欺骗那些发现不了他们这种欺骗行为的人。在下一个实验中，安娜维和塔里乘坐出租车在以色列火车站和本古里安大学之间往返了 20 次。出租车在这段特定路程的定价标准是，如果你要求司机打表，费用大约是 25 谢克尔（约 7 美元）；如果不打表，通常情况下，统一收费是 20 谢克尔（约 5.5 美元）。按我们的设定，安娜维和塔里都要让出租车司机打表计价。有时候，司机会告诉"不知行情"的乘客，不打表的价格会更便宜一些。但是，安娜维和塔里总会坚持要求打表。到达目的地后，安娜维和塔里会问司机需要付多少钱，他们付了钱后，就离开出租车，几分钟过后，再搭乘另一辆出租车返回出发地。

查看了他们各自的费用后，我们发现尽管安娜维和塔里都坚持要求打表计价，但安娜维付的钱要比塔里少。这是怎么回事呢？一种可能是，搭载安娜维的司机走的是最短且收费最少的路线，而搭载塔里的司机走的是路程更长的路线。如果真是这样，那就说明司机没有欺骗安娜维，却在一定程度上欺骗了塔里。但安娜维对此有不同的解释，她告诉我们："在要求司机打表时，我听到他们打开计价器的声音，但还没到达终点时，我却听到很多司机关上了计价器，所以费用比较接近 20 谢克尔。"而塔里说："我在车上时，司机从未提前关过计价器，我总得支付大约 25 谢克尔。"

这些结果表明了两个重要的方面。第一，出租车司机并没有通过成本—收益分析来获取最大利益。如果他们真的这样做了，则向安娜维报的计价表上的费用就应该高于其实际费用，或是他们应该载着安娜维多绕些路。第二，出租车司机不仅没有欺骗行为，甚至做得更好。他们考虑到了安娜维的利益，并为她的利益损失了部分个人收入。

## 经验系数：不诚实与诚实间的分界线在哪里？

显然，贝克尔和标准经济学理论并不能使我们了解有关欺骗的所有真相。首先，因欺骗而获得的金额在很大程度上（在我们实验中的所有程度）未能影响欺骗程度。这一发现表明，欺骗并不是对不诚实的成本和收益做简单考虑后的结果。其次，欺骗程度不会随着被抓概率的变化而变化。这一实验结果使得“欺骗行为基于成本—收益分析”的观点变得备受质疑。最后，许多人在有机会欺骗时并没有骗人。这一事实表明，主导欺骗的动因比理性犯罪的简单模式所预测的要复杂得多，也有趣得多。

这到底是怎么一回事呢？我对此提出一个理论，而本书的大部分内容都将对这一理论进行验证。概括地说，该理论的中心论点即，我们的行为受两种相反的动因影响。一方面，我们希望自己是诚实可敬的人，希望在照镜子时，能有良好的自我感觉（心理学家称为自我动因）。另一方面，我们希望从欺骗中获益，得到尽可能多的钱（这是标准的金钱动因）。很明显，这两种动因是相互冲突的。我们如何保证能在欺骗后获利且仍将自己视为诚实优秀的人呢？

能够做到这一点要归功于我们惊人的认知灵活性。多亏这项人类技能，只要欺骗的程度较小，我们就能从欺骗中获益且仍然自视为很棒的人。这种平衡行为是理性化的过程，也构成了我们称为“经验系数”的基础。

为了你能对“经验系数”理论有更好的理解，请回忆一下你上次填写报税表的情况。在不得已做出模棱两可和不明确的决策时，你是怎么做的？用公费支付你的一部分修车费是合法的吗？如果你认为合法，你觉得用公费支付多少才算合适呢？如果你有两辆车，情况又将如何呢？说这些并不是在向美国国税局解释我们的决策是合理的，我现在讨论的是用什么方法能向自己证明我们夸大了的扣税程度是合理的。

或者，假设你和朋友一起去餐馆就餐。他们要你说说你最近花费大量时间攻坚的某个项目，说完以后，你认为这顿晚餐用公费支出合适吗？你可能觉得不合适，但如果这顿晚餐是你在出差途中吃的，或者你希望其中一个就餐同伴能在近期成为你的顾客，情况又会如何呢？如果你从未支出这种业务费用，你同样也游走在道德边缘。总之，我认为我们所有人都在不断努力地定义一条边界线，一条可以通过欺骗获利而不危及自身形象的边界线。正如奥斯卡·王尔德写的那样，“道德好比艺术，关键在于在某处划清界限”。问题的关键是，界线在哪里？

我想杰罗姆·K. 杰罗姆在他于 1889 年写的小说《三怪客泛舟记》中，找到了这条界线。这本小说叙述了全世界最普遍的欺骗话题：钓鱼。他这样写道：

> 我曾认识一个年轻人，他是我见过的最正直的人。当他用假蝇钓鱼时，就下定决心自己多报告的捕鱼数不会超过实际捕鱼数的 25%。
>
> 他说：“当我钓到 40 条鱼时，就会告诉大家我钓了 50 条或是 40 多条。但我不会再多报了，因为说谎是罪恶的。”

尽管大多数人没有像这个年轻人这样有意识地算出（或者少报告）自己能够接受的说谎估值，我们每个人在欺骗时都有个度，只要没有超过这个度，我们就不至于有“罪恶感”。

弄清经验系数理论的内部原理，即在保持良好的自我印象的愿望和从欺骗中获得利益，这两种自相矛盾的需求间实现微妙的平衡，是我们接下来将要关注的内容。

The (Honest) Truth
About Dishonesty

# 第2章

# 探索经验系数的秘密

下面是一则笑话：

> 8岁的吉米拿着老师写的字条回了家，字条上写着："吉米从同桌那儿偷了支铅笔。"吉米的爸爸非常气愤，他教训了吉米很长时间，并说自己很心烦，也非常失望。为此，他还决定将吉米禁闭两周。他没好气地说："等你妈妈回家了，你才能出去！"最后他说："吉米，如果你需要铅笔的话，为什么不说呢？你也知道我能从办公室带回好几打呢！"

如果我们认为这则笑话可笑，那是因为我们读出了人类普遍存在的不诚实行为的复杂性。我们认为偷了同学铅笔的孩子理应受到禁闭的处罚，但又会毫不犹豫地想要从工作单位带回许多支铅笔。

对于妮娜、昂和我来说，这则小笑话表明某些活动更容易使人降低自己的道德标准。我们认为，如果加大欺骗行为及其后果之间的心理距离，经验系数就会增加，欺骗程度也会提高。当然，我们实验的初衷并非是想鼓励人们更多地欺骗。但为了研究和理解欺骗，我们想弄清哪种情境和干预会使人进一步降低自己的道德标准。

为了测试这个观点，我们把铅笔的笑话做了改进，并将其在大学里付诸实施：一天，我偷偷地溜进麻省理工学院的宿舍，并在他们的公共冰箱里放了些“诱饵”。我在冰箱里放了 6 罐可口可乐，在冰箱剩余位置里的纸盘上放了 6 张 1 美元的钞票。每隔一段时间，我就会去查看冰箱内可乐和美元的情况，用科学术语讲，这叫观察“可乐和金钱短暂的存留状况”。

去过宿舍的人都可能猜到结果了：72 个小时内，所有的可乐都被拿光了。但特别有趣的是，冰箱里的钱却一分没少。学生本可以拿走 1 美元到附近的自动售卖机买 1 罐可乐，但没人这样做。

我必须承认这并不是一个好的科学实验，因为学生很容易在冰箱里看见可乐，却常常看不见盛有钱的盘子。但是，这个小实验说明人类比较愿意去偷没有明显金钱价值的东西，即非金钱的东西。我们比较含蓄，不直接偷钱，这一点让最虔诚的主日学校的老师感到欣慰。同样的，我们可能会将办公室里的打印纸带回家用，但从公司的保险柜里拿走 3.5 美元，并用这些钱买打印纸带回家却是不可能的。

为了弄清楚钱对不诚实行为的影响，我们设置了控制条件，设计了另一个版本的矩阵实验。在这个版本的实验中，参与者还需要多完成一个步骤才能得到钱。在先前的实验中，粉碎机条件下的参与者可以粉碎他们的答卷，因而可以作弊，即谎报自己正确解决的矩阵问题的数量。参与者结束任务后，他们就会粉碎答卷，然后走到实验人员面前说：“我解决了 $x$[①] 个矩阵问题，请给我 $y$[②] 美元。”

这次实验的创新之处在于，我们设计了“代币”条件。代币条件和粉碎机条件相似，只不过参与者得到的报酬是塑料筹码，而不是真的纸币。在代币条件下，参与者粉碎了答卷，然后走到实验人员面前

---

① $x$ 代表参与者声称自己正确解决的矩阵问题数。

② $y$ 代表完成 $x$ 个矩阵问题所对应的金额数。

说：“我解决了$x$个矩阵问题，请给我$x$个代币。”得到代币后，他们要走到 3.6 米远的一张桌子处，把代币兑换成现金。

结果表明，代币条件下参与者的谎报数目，是先前实验中那些直接领到钱的人的两倍。我不得不承认，尽管我预测到在代币条件下，参与者的欺骗程度会更高，但没想到只差一个步骤，欺骗程度却会增加这么多。结果表明，相比于真实的货币，人们在非真实货币（如铅笔或代币）面前更容易变得不诚实。

我做了这么多年的研究，其中最令我担忧的一点就是，现金出现得越少，人类的道德就会越败坏。如果说代币条件下参与者的欺骗程度增加得如此多，那想象一下当社会中现金出现得越来越少时，又会发生什么呢？从道德角度来看，盗用他人的信用卡是否会比从别人的钱包里偷走现金更轻松呢？当然，电子货币（例如提款卡和信用卡）有许多优点，但它在一定程度上也可能会将我们与现金之间的距离拉远。如果代币条件能使人们摆脱道德枷锁的束缚，那当越来越多的银行交易都在网上完成时，又会发生什么呢？当金融产品变得越来越虚无，越来越难与金钱联系在一起的时候（例如股票期权、金融衍生品和信用违约掉期），我们的个人道德和社会道德又会发生怎样的改变呢？

## 公司里人尽皆知的真相

作为科学家，我们尽量仔细地记录、测量和检测“代币”这个条件带来的影响。但我怀疑，许多公司早就明白了这个原理且已经对此加以利用了。看看下面这封信吧，这是一个年轻的顾问写给我的：

亲爱的艾瑞里博士：

几年前我在一所名校获得经济学学士学位，之后一直在一家经济咨询公司工作，该公司为法律事务所提供服务。

我决定与您联系的原因在于，我一直在关注并且切身感受到一种状况——经济顾问常对其工作时间言过其实，这一现象已得到证实。说得委婉点，这个现象就是欺骗。公司的激励机制“鼓舞”着从最资深的分析师到最初级的分析师，整个咨询顾问团队的激励机制都在促使欺骗行为的发生：没有人会去核对我们每单赚了多少钱；对于赚多少钱是可以接受的，也没有一个明确的规范；如果我们赚的钱在所有分析师中是最低的，我们就最有可能被解雇。这些因素为猖獗的欺骗行为提供了完美的环境。

那些律师能从我们的工时费中获取很大一部分利润，所以，他们并不介意我们将案子拖得久一些。虽然律师为了避免惹恼顾客，也会降低成本，但我们提供的许多分析是难以评估的。律师知道这一点，似乎也在利用这一点。实际上，我们是在代表他们欺骗顾客；这样一来我们可以保住工作，而他们也能从中获取额外的利益。

下面是说明我们公司里欺骗是怎样发生的一些具体事例。

截止日期快要到了，我们都在加班加点。预算似乎并不是问题，当我问自己每天可以赚到多少钱时，我的老板（一位中层项目经理）告诉我，用我待在办公室的所有小时数减去 2 个小时就是我的计费工时。其中，1 个小时是吃午饭的时间，另外 1 个小时是吃晚饭的时间。我说在别人接手我的工作时，我也休息了。

她说，那些时间有利于大脑健康休息，而休息有助于办事效率的提高。

跟我同办公室的一位好朋友坚决拒绝多付的工时费，因此，他的整体收费额大致比别人少了 20%。我非常钦佩他的诚实，但当公司裁员时，他是第一个被解雇的。这个消息向我们其他人传达了什么信息呢？

某人将他为某个项目等待邮件的时间都算成工时，无论他是否接到任务。他说，他这是在“待命”。

还有一个人通常在家中工作，看起来工时也挺长。但当他坐在办公室里时，似乎没有任何事情可做。

这样的例子数不胜数。我无疑也这么做了，但在看清这个问题后，我很想去修正它。您有什么建议吗？如果您处在我的位置又将怎么做呢？

乔纳

不幸的是，乔纳留意到的这个问题非常普遍，是我们反思自身道德水平造成的直接结果。我们还可以换一种思维方式来思考该问题：一天早上，我发现有人打破了我的车窗，偷走了我的便携式全球定位导航仪。当然，我非常恼怒，但考虑到这个导航仪的经济价值对我未来财务状况的影响，我认为这次偷盗事件影响甚微。另外，相较于多年以来我的律师、股票经纪人、共同基金经理，以及保险代理人等通过少量多次收费和增加隐性费用等方法可能从我（以及我们所有人）身上榨取的利益，导航仪被偷的损失也就不值一提了。这种多次收费的单次行为不会对我的财务状况有多大的影响，但将所有这些行为造成的经济损失相加的话，就够买几台导航仪了。同时，我认为那些虚报工时的白领不会像偷走我的导航仪的人那样认为自己犯了罪，他们依然会将自己视作道德高尚的人，因为他们所作所为的影响相对较小。而且最主要的是，这离直接从我的口袋里拿钱还远着呢。

值得庆幸的是，若我们明白“离直接诈骗金钱还有一步或几步之遥时，我们的欺骗程度会增加”这一理论，我们就能试着弄清自身行为及这些行为将对他人产生的影响，同时，我们可以努力缩短我们的行为与金钱之间的距离。通过这些步骤，我们就会对自身行为的影响有更为深刻的认识，有了这些认识，诚实度就会增加。

## 从锁匠那里学到的

不久以前，一个名叫皮特的学生给我讲了一则故事。这则故事反映出生活中不诚实行为的真实情况。

一天，皮特把自己锁在了家门外。于是，他打电话寻找开锁匠，颇费了一番周折才找到城里面一位有名的开锁匠。最后，这位开锁匠终于到了，很快就撬开了锁。

皮特告诉我:“这个人竟然轻而易举地就撬开了锁，而且速度非常快，我都看呆了。”接着，他又谈到了自己那天从锁匠那里学来的道理。

看到皮特惊讶的表情，开锁匠回应道，锁只防君子不防小人。皮特说:“有 1%的人永远是诚实的，他们绝不会偷盗；还有 1%的人永远都是不诚实的，他们总会想方设法撬开你的锁，偷走你的电视机。其余的人在正常情况下是不会偷盗的，但如果他们受到的诱惑足够大，也会变得不诚实。锁防的并不是小偷，因为如果小偷真的想侵入你的房子，有锁他们也能做到。锁真正防的是那些大多数时候诚实，但有可能会在你的门没有上锁的情况下产生偷盗行为的人。"

我仔细想了想皮特转述的话，觉得这个开锁匠也许是对的。并非这 98% 的人都是不道德的，他们也不是逮住机会就会行骗的人，他们可能只是需要监督以保证自己不走歪路。

## 如何降低人们的不诚实行为

既然已经明白了经验系数的运作及普及原理。下一步，我们将要弄清经验系数是否能减少，从而使人们的欺骗行为也越来越少。这个想法同样也是由一则小笑话引起的：

一天，一个神情很沮丧的人见了他的拉比，并对这位拉比说："拉比，你肯定想不到是什么事发生在我身上了！上周，有人竟在犹太教堂偷走了我的自行车！"

拉比也为此感到不安，思考片刻后，他提出了一个方案："下周集会时，你坐到前排，在我们背诵《十诫》时，你转过身看看那些坐在你身后的人。当我们背到'不可偷盗'时，看看谁不敢和你对视，那个人就是偷你自行车的人。”拉比对自己的建议颇为得意，那位失主对此也极为满意。

下一次仪式过后，拉比很想知道他的建议是否起作用了，于是，在教堂的门口等着那个自行车被偷的人，问他：“怎么样？我的办法起作用了吗？”

那人答道：“简直就像魔法一样，当说到‘不可奸淫’的时候，我立刻就回忆起自己将自行车停在了哪里。”

这则小笑话说明，我们的记忆和对道德准则（例如《十诫》）的认识，可能对我们看待自身行为的方式有一定的影响。

受这个笑话背后所蕴含的道理启发，我、妮娜和昂在加州大学洛杉矶分校做了一次实验。我们将450位参与者分成两个组，要求第一组参与者背诵《十诫》，并诱使他们在矩阵任务中作弊；要求第二组的参与者在做矩阵任务之前先回忆他们在高中读过的10本书。第二组的矩阵任务要求依然宽松，参与者同样有机会作弊。在第二组中，我们发现了典型的欺骗，虽然很普遍，但程度不高。而背诵《十诫》的那组中，我们没有发现参与者有任何欺骗行为，虽然该组成员没有一个可以完整地背出《十诫》。

这个实验的结果十分有趣，表明了只回忆道德标准似乎就能提高道德行为。在另一次验证这个结果的实验中，我们找到了一组自称是无神论者的参与者。在这些参与者手按《圣经》发誓以后，我们向他们提供了谎报矩阵数的机会。这些无神论者会怎么做呢？结果表明，他们并没有偏离这条笔直且狭窄的道路。

## 不翼而飞的厕纸

几年前，我收到了一封信，写信人是一位名叫朗达的女孩，她是加州大学伯克利分校的学生。在信中，她告诉了我她在居所碰到的一个问题，以及自己是怎么通过道德的力量解决了这个问题。

朗达和几个人一起在校外合租了一套房子，之前这几个人彼此都不认识。每周打扫卫生的人都会在两间洗手间里留下几卷厕纸，然而每到周一洗手间就会没纸。这是一个典型的公地悲剧：因为一些人拿走了较多的厕纸，所以公共资源对于大家来说就受到了破坏。

朗达在我的博客上看到了《十诫》的相关实验以后，便在公寓里的一间洗手间里贴了一张纸条，要求大家不要随意带走厕纸，因为厕纸是公共物品。结果令她非常满意，几个小时以后，一卷厕纸重新出现在洗手间里，第二天，又出现了一卷厕纸。然而，在另一间没有纸条的洗手间里，直到下个周末打扫卫生的人来之前，仍然一直不见厕纸。

这个小实验表明，一个小提醒就能非常有效地帮助我们保持自己的道德标准。在这个例子中，这个小提醒就是那张小纸条。

这些提醒人们注意自身道德的实验表明，如果能受到道德标准的约束，我们欺骗的意愿和倾向就可能得到消减。但是，尽管将《十诫》和《圣经》用作诚信建设的机制可能会有用，但把宗教教义大范围地引入社会，以减少欺骗程度却不是很实际（更不用提这样做会违背政教分离的原则）。所以，我们便开始考虑用更普遍、更实际、更安全的方法来减少经验系数，许多大学施行的诚信制度便成为我们研究的对象。

为了研究诚信制度是否起到了作用，我们找来麻省理工学院和耶鲁大学的学生作为实验参与者。一半的学生在矩阵任务开始前签下“不作弊”声明，在实验中我们为其中 1/2 的学生提供了可以作弊的机会。

此次实验中的“不作弊”声明是这样的：“我明白在做这个实验时，必须遵循麻省理工学院和耶鲁大学的诚信制度。”那些没有签下“不作弊”声明的学生或多或少都作弊了，但签下声明的学生没有任何作弊行为。尽管事实上，这两所学校都没有建立诚信制度（这与自称是无神论者的受试者把手放在《圣经》上发誓的效果相似）。

我们发现即使在没有建立诚信制度的大学中，诚信制度依然是起作用的。那么，在那些建立了完善的诚信制度的大学，情况又会如何呢？这些大学的学生是否始终都很少作弊呢？还是只有在签下诚信声明后，才会降低撒谎频率？非常幸运地，我们在普林斯顿大学高等研究院待了一段时间，这个学院正是测试以上问题的理想之地。

普林斯顿大学自 1893 年起就建立起严格的信誉体系，每年刚入校的新生都会收到《诚信制度章程》，以及一封由诚信委员会发出的关于信誉体系的信。在被正式录取之前，他们必须在诚信协议上签字。入学后的第一个星期，新生还必须去听一些关于“诚信制度的重要性”的讲座。讲座过后，普林斯顿大学的新生还要以宿舍为单位，就信誉体系的相关话题进行讨论。这些似乎还不够，该校的一个名为“三角俱乐部”的音乐社团，还会为新生演奏《诚信制度之歌》。

在接下来的日子里，学校还会不断提醒学生诚信制度的重要性：学生需要为自己提交的每篇论文签署诚信协议。（“这篇论文符合学校的规章，是完全由我本人独立完成的。”）他们还需为每一场考试、测试或小测验签下一份诚信协议。（“我保证，我不会在考试中违反诚信制度。”）另外，这些学生每年还会收到两封来自诚信委员会的提醒信。

为了弄清普林斯顿大学的道德“速成班”是否对学生有长远的影响，在新生的道德培养结束后，我等了两周的时间才让他们参加具有作弊条件的矩阵实验，而且为他们制造的作弊机会与麻省理工学院以及耶鲁大学的情况相同（这两所学校都没有诚信制度，也没有长达一周的关于学术诚信的课程）。这些来自普林斯顿大学，受道德“速成班”培训过的学生，会在矩阵任务中表现得更加诚实吗？

令人沮丧的是，普林斯顿大学的这些受试者并没有比其他学生更诚实。但在我们要求这些受试者签署诚信声明后，他们就没有任何作弊行为了（麻省理工学院和耶鲁大学的学生同样如此）。然而，若没有签署诚信声明，他们就和麻省理工学院及耶鲁大学两所学校的学生的作弊程度相差无几。似乎，道德“速成班”、道德宣传以及现有的诚信制度对普林斯顿大学的学生并没有产生深远的影响。

这样的结果虽令人郁闷，但也有其积极的一面。令人郁闷的原因是，仅仅通过改变我们的行为就想使我们的道德更加高尚似乎很难，单纯依靠道德“速成班”是远远不够的（我怀疑在企业、大学和商学院里开展的道德培训同样不会有效）。从更广泛的意义来说，这些结果表明试图改变长期形成的道德观是一项挑战。

积极的一面是，只要有道德标准的提醒，我们就会表现得更诚实。而且，我们还发现，签署诚信声明的方法在需要付出具体代价（如在普林斯顿大学，作弊者可能被开除）和没有具体代价的情况下都会起作用（如在麻省理工学院和耶鲁大学，作弊者没有受到处罚的规定）。值得庆幸的是，人们都想要成为诚实的人，这也意味着，在我们容易受到诱惑而发生欺骗行为时，被提醒注意道德事项可能是个明智的做法。①

中田纳西州立大学的一位教授对该校工商管理学院学生的作弊行为忍无可忍，决定拟定一份更为严格的诚信规章来减少作弊现象。该教授名为托马斯·邓，他从我们关于《十诫》及其对诚信影响的实验中得到了启发，要求他的学生在考试之前签署一份诚信声明，保证自己不会在考试中作弊。这份声明中还写道：他们若是作弊，“就会悔恨终身，死后下地狱”。

这些不相信地狱，也不认为自己会下地狱的学生对这种说法非常气愤。因为这次尝试，邓也备受热议（他最终不得不撤回新的诚信声明，还是沿用了原来那份与地狱无关的声明）。

即便签署诚信声明的影响不持久，但其对学生的影响力还是很大的。学生的愤怒正说明这种类型的声明可能会产生的巨大效力。这些未来的商人肯定感受到了作弊代价的昂贵，否则，他们也不会如此在意。假设你也需要签这样一份保证，签下它时你会感到安心吗？签下这份保证会影响到你的行为吗？如果是在填写费用报表之前签这样的保证，你会怎么做呢？

---

① 关于道德提醒的一个重要问题：随着时间的推移，人们是否会习惯于签署这样的诚信声明，且这种时常的提醒是否会失去效果。这也是我认为人们应该写下自己的诚信声明的原因，这样的话，人们在签名时就会考虑道德的问题，也会按道德标准行事。

### 教义的提醒

宗教学者注意到用宗教符号作为增加诚信这一方法的可能性。《犹太法典》中就记载了这样一个故事：一名宗教教徒非常渴望性，然后决定去嫖妓。当然，他的宗教信仰绝不会宽恕他的这种做法，但他对性的需求又十分迫切。和妓女独处一室后，他开始脱衣服，在脱衬衫时，他看到了自己身穿的有 4 个节边的流苏内衣。看见流苏内衣后，他就联想到犹太教的戒条，于是快速地转过身去，离开了房间，没有做出违反其宗教准则的行为。

## 签名的位置不同，谎报信息的程度也不同

用诚信制度来抑制大学的作弊现象似乎可取，但这样的提醒对其他类型的作弊行为或非学术环境下的作弊行为也能起到作用吗？这些提醒可以防止人们在税务申报和保险理赔时说谎吗？这便是丽莎·舒（哈佛大学管理学博士）、妮娜·马萨尔、弗朗西斯卡·吉诺（哈佛大学教授）和我打算测试的问题。

我们重新设计了标准的矩阵实验，使它看起来与税务报告相似。在参与者完成矩阵任务并粉碎答卷后，我们要求他们在一张以基本报税单 1040EZ 为模板制成的表格上写下自己正确解决的问题数。为了使参与者更加相信他们是在完成一份真正的税务表格，表格清楚地注明将以 20% 的税率对其收入进行征税。在表格的第一部分，我们要求

参与者报告他们的“收入”（即他们正确解决的矩阵问题数）。表格还包含了差旅费，即参与者每旅行一分钟，就可以得到10美分的差旅费（最长报销时间为2个小时，即最高报销金额为12美元）。此外，表格还有一项交通的直接成本（最高报销金额为12美元），这个部分的报酬是免税收入（与公费相似）。接着，参与者需要将他们填写的所有数据相加，得到自己最后的净收入。

这个实验有两个条件：第一种条件下，参与者填完整张表格后再签名字（填写官方表格的典型做法）。在此条件下，签名只相当于对表格信息进行确认。第二种条件下，参与者先在表格顶部签名，然后再填写表格，这相当于我们所谓的“道德提示”条件。

我们发现，在表格底部签名条件下的参与者谎报了4个矩阵问题。那么在表格顶部签名的参与者，情况又怎样呢？当签名起到了道德提醒的作用时，参与者只谎报了一个矩阵问题。我不确定你对“只”谎报了一个矩阵问题有何想法，因为毕竟他们还是说谎了。但是，考虑到这两个条件唯一的区别只是签名的位置不同，我还是觉得这个结果显示出这是减少欺骗行为的可行性方法。

我们设计的那份税务表，还让我们看到了参与者对于差旅费的申报情况。现在，我们并不知道参与者实际的旅行时间，但考虑到这些参与者是随机选出来的，我们就可以假设两种条件下参与者的旅行时间应该是基本一致的。通过对比表格，我们就能看出，在哪个条件下参与者申请的差旅费更高。我们得出的结果为差旅费的申报情况与谎报的矩阵数呈现同一模式：平均下来，在表格底部签名条件下的参与者称自己的差旅费为9.62美元，而在道德提醒（在表格顶部签名）条件下的参与者称自己的差旅费为5.27美元。

从我们得到的证据可知，在某种保证上签名后，人们会变得更诚实（至少会暂时变得诚实）。我们联系了美国国税局，推测他们听说有提高税收的方法会很高兴。与美国国税局工作人员的交谈如下：

我：纳税人在把所有数据都填入表格后，再想不作弊的事情已经晚了。没有人会说："噢，原来我还需要在这上面签名呀！那我按实情重新填写吧。"您懂我的意思吧，如果人们在填写数据之前签名，他们就会更诚实一些。您需要的就是将签名设置在表头，这个签名可以起到警示作用，提醒大家不要说谎。

美国国税局：这个说法很有趣。但在表头签名是不合法的，签名的作用是确认所填信息的正确性。

我：那让人们签两次名，怎么样？一次在表头签，一次在最后签？这样的话，表头的签名可起到担保的作用——时刻唤起人们的爱国热情，让其想到道德模范、母亲、国旗，以及家里做的苹果派，而页尾的签名就起到确认的作用。

美国国税局：嗯，但这样做可能会使人困惑。

我：您最近见过免税代码或税务表吗？

美国国税局：（无回应）。

我：您看这样做怎么样，先在税务表的第一栏询问纳税人是否愿意为反腐败行动捐赠25美元。无论他们是否愿意，这个问题都会迫使他们仔细考虑诚实问题以及这一品质对于社会的重要性！如果纳税人为反腐败行动捐了钱，这就说明他们不仅表明了想法，还将想法付诸了实际行动——捐了钱。现在，他们也许更有可能遵循自己内心的想法。

美国国税局:(仍然毫无回应)。

我：这样做可能还有一个好处，你可以在不想捐钱的纳税人的表格上做上标记，然后查一下他们的账目！

美国国税局：您真的要和我讨论审计问题吗？①

虽然美国国税局的回应比较冷淡，但我们没有因此灰心，还是继续寻找机会去测试“先签名”的想法。在联系到一家大型保险公司之后，我们最终取得了成功。这家公司再次确认了我们已经证实的理论，即多数人都作弊了，只不过作弊的程度不严重。他们说只有少数人会犯罪大恶极的错误（例如纵火、伪造抢劫等），多数遭受财产损失的人都惯于将自己的损失夸大 10%~15%：被偷的电视机只有 32 英寸，却谎报有 40 英寸；丢失的项链只有 18K 金，却谎报有 22K 金，这样的例子还有很多。

我去了这家保险公司的总部，并和该公司的几位领导一起试着想出一些方法来减少保险理赔中的欺骗现象。我们提出许多设想。例如，让索赔者用具体的词汇申报损失，并提供更为详细的细节（何时何地买的这个物品），这能够提升他们的道德感吗？或者，如果一对夫妇的房子被一场洪水冲毁，他们申报理赔时就必须与“损失的物品有哪些”这一问题的答案一致，此时这对夫妇的道德感会提升吗？我们会在本书的第 8 章和第 9 章中看到，这个想法可能会产生事与愿违的结果。另外，在填写保险理赔申请时播放宗教音乐会有效吗？要求人们在申

① 几年后，我被美国国税局查了账目，审计的过程很长且令人痛苦，但同时也是一次有趣的经历。我不认为那次审计与这次对话有关。

报表格的表头签名，甚至在每个申报理赔的物品旁签名又会怎样呢？

大公司常会把方案提交给律师审查，这家保险公司也不例外。6 个月之后，我们终于等来了律师的回复。他们不愿意尝试我们提供的任何一种方法。

几天以后，这家保险公司的联系人给我打了电话，为公司没能尝试我们提出的方案表示歉意，他还告诉我，我们可以使用公司里相对不重要的汽车保险理赔表格来做实验。人们需要在该表格上写下自己所驾驶的汽车目前的里程数，以便保险公司计算前一年该车行驶的总里程数。为了少缴纳一些保险费，人们（我认为许多人都会这样做）自然会说谎，他们报的里程数要低于实际行驶的里程数。

保险公司给了我们 20 000 张表格，用于测试表头签名与表格底部签名是否有差别。我们在 1/2 的表格上打印上了“我保证所填信息属实”的声明，并将签名的横线设定在页面的底部。而另外 1/2 的表格上的声明和签名，则被我们移到了表头。除此以外，这两种表格并无任何差异。我们将这些表格寄给 20 000 名顾客。一段时间后，我们收到了寄回的表格，并比较了在这两种形式的表格中，人们报告的车辆已行驶的里程数。我们发现了什么呢？

当我们对前一年汽车的行驶里程数进行估算时，先签名的人说他们平均行驶了 42 003 公里，而后签名的人说他们平均行驶了 38 141 公里——竟然相差 3 862 公里。现在，我们并不知道先签名的人的车辆的真实里程，所以也就无从知道他们是否绝对诚实，但我们可以确定，就算他们撒谎，其程度也是较轻的。更值得一提的是，该实验中欺骗现象降低的程度（大约是 15%）与我们在实验室做实验时计算出的百分比是相似的。

这些实验结果表明，我们通常认为签名只是一种确认信息的方法（当然，签名的确可以达到这个目的），现在我们还看到设定在表头的签名还有道德提醒的作用。

**公司比个人更不理性！**

许多人都认为，虽然人们的行为可能时常会不理智，但由专业人士经营、拥有董事会和投资者的大型商业企业的运营方式通常都是理性的。我从未认同过这样的观点，而且越与公司接触，我越发觉得公司比个人更不理性（且越确定那些认为公司是理性的人，应该没有参加过董事会）。

如果我们向保险公司证明我们能提高客户在报告其车辆行驶里程时的诚实程度，你认为会发生什么呢？你认为这家公司会急切地想要改变原来的做法吗？他们并不会这么做。或者你觉得会有人邀请（或者是请求）我们去做实验，以解决更重要的谎报财险理赔金额的问题吗？（据估计，这个问题可能会使保险行业每年损失 240 亿美元。）你已经猜到答案了吧？没有一个人联系我们。

## 错误的教训

当我向别人提问怎样才能降低社会犯罪率时，他们通常给出的建议是增加街上的警力和加大对违法者的惩罚。当我问各大企业的执行总裁如何解决内部盗窃、欺诈、谎报报销款及蓄意伤害（员工对老板做的一些损人不利己的事）等问题时，他们通常的回答则是加强监管和施行零容忍政策。政府在打击腐败或制定相关规定来鼓励诚实的行为时，也总是通过努力提高透明度（也叫“阳光政策”）来医治社会弊病。当然，很少有证据显示这些解决方案是可行的。

相反，本书描述的这些实验表明，人们在受到诱惑时只需回想那些道德标准就能创造奇迹，就会减少不诚实行为且从根本上遏制这种做法。即使某些特殊的道德准则并不属于我们的个人信仰体系，这种方法仍然会起作用。实际上，相比其他方法来说，道德提醒更容易使人变得诚实，至少在短期内是这样的。如果你的会计师让你在申报纳税之前先签订一份诚信声明，或是你的保险代理人让你在陈述自己家具被淹的真实情况之前发誓，漏税以及保险诈骗的现象可能就会大大减少。①

我们应该怎样理解以上言论呢？首先，我们应该认识到引发欺骗行为的大多不是理性犯罪的简单模式，而是某人的经验系数。经验系数表明，如果想减少犯罪，我们需要找到一个能规范自身行为的方法。当我们使私欲合理化的能力增强时，经验系数会随之增大，从而对自身的错误和欺骗行为更加纵容。反过来看也是如此：当我们使自身行为合理化的能力降低时，经验系数会随之减少，我们也就更加不能容忍自身的错误和欺骗行为。当你以这个角度来考虑世界上的不良行为时（从银行业务到股票期权回溯，从贷款和抵押贷款的违约到偷

---

① 我认为，对于那些非常不喜欢政府或保险公司的人来说，上述方法依然有效，尽管效果可能会被稍微减弱，我们以后可以对其做些测试。

税漏税），你会发现诚实与不诚实的行为，远比理性的计算复杂得多。

当然，这也就意味着，想要理解欺骗所包含的机制是个很复杂的问题，抑制欺骗行为并不容易。发现诚实与不诚实间错综复杂的关系，将会是一场令人更加兴奋的探险。

The (Honest) Truth
About Dishonesty

# 第 3 章

# 对自己的动机视而不见

在美国，所得税制造的骗子要比高尔夫球制造的更多。

威尔·罗杰斯

在《重返荣耀》这部电影中，有这样一个情节：马特·达蒙饰演的兰纳福·朱诺试图在高尔夫球赛中反败为胜，但他犯了一个严重的错误，导致球落入树林中。将球拿回球场后，他动了球旁边的一截树枝以清除障碍，但就在他移动树枝时，球也略有移动。根据高尔夫球规则，这个移动应被视为一次击球。比赛进行至此，朱诺已经处于领先地位，如果不顾这条规则，他就能赢得比赛，重返荣耀。他年轻的助理哭着求他忽略球的移动，并说："这只是一次意外而已，而且这条规则本来就很可笑！再说了，不会有人知道这件事的。"朱诺严肃地答道："但我知道，你也知道。"

即便是朱诺的对手也认为球可能只是滚动了一点儿，之后又回到了原来的位置，或是光线使朱诺有了球被移动的错觉，但朱诺坚持球确有滚动。因此，比赛以平局结束。

这个情节是根据 1925 年美国高尔夫球公开赛的真实事件改编的。高尔夫球手鲍比·琼斯在准备击球时注意到，他的球略微有些移动。虽然没有人看见，也不会有人知道，但他还是称自己已经击了一球，随后，他输掉了这场比赛。当人们知道了是怎么一回事之后，记者蜂拥而至。琼斯要求记者不要报道这件事，并说：“你们还不如表扬我没去偷银行呢。”直到今天，这个体现诚实这一高贵品质的传奇时刻，仍被高尔夫球爱好者们津津乐道。

我想，无论是在电影中还是现实中，这个情景都体现了高尔夫球手的职业操守，它展现了一个人与自我的对抗，展现了他的技能和品质。正是因为高尔夫球这种要求球员自立自强、自我监督及恪守高道德标准的特点，因此人们常用高尔夫球来比喻商业道德（更不用说有很多商人在高尔夫球场花大量时间）。与其他运动不同，高尔夫球没有裁判或评委来确认运动员是否遵守了规则，或在有争议的情况下做出判决。高尔夫球手就像商人那样，必须决定哪种做法是可以接受的，哪种做法是不被接受的。一般情况下，没人监督或检查高尔夫球手或商人的行为表现，他们必须自己抉择哪些是自己应该做的，哪些不是。实际上，高尔夫球有 3 条基本规则：球在哪儿就从哪儿打，站在哪个球场就在哪个球场打，如果两条规则都做到，那就请做到公平比赛。然而，大家也都知道“公平”很难定义。毕竟许多人可能都认为，不将树枝的移动造成的球的意外移动或无关紧要的移动计入成绩才是“公平的”，而因为球的意外移动受到惩罚反而看似非常不公。

尽管高尔夫球手称这项运动是高贵的，但似乎许多人对这项运动的看法都和威尔·罗杰斯一样：这是一项可能使人们沦为骗子的运动。如果你停下来思考一下的话，这个说法就不会令你太过惊讶。打高尔夫球时，球手需要使球越过充满障碍的一大段距离，掉入很小的洞里。换句话说，这是一项难度极大而又令人沮丧的运动。因此在我们评判自身表现时，就不会那么严格地遵守这些规则。

所以在对不诚实现象进行更进一步的探索研究时，我们将实验对象设定为美国国内的部分高尔夫球运动员。2009 年，斯科特 · 麦肯兹（当时他还是杜克大学的一名本科生）与我一起做了一项研究。研究中，我们向数千名高尔夫球手提出一系列问题，问题主要涉及他们是如何比赛的，最重要的是，他们是如何欺骗大家的。我们给这些高尔夫球手设置了一个无人监督的场景（高尔夫球赛中通常也是如此），他们还可以自己选择是否要遵从规则，即使不守规则也不会有负面结果。在某家经营高尔夫球场的公司的帮助下，我们给美国各地的高尔夫球手发送了邮件，邀请他们参与有关高尔夫球的调查，并许诺有机会获得各式高档的高尔夫球具。大约有 12 000 名高尔夫球手回应了我们的邀请，下面是我们从这项研究中了解到的信息。

## 高尔夫球选手更可能以哪种方式移动球去作弊？

我们问这些实验参与者："设想水平一般的高尔夫球手挥杆击球时，意识到如果球的位置与原位置偏离约 10 厘米，就会有很大的优势。你认为这些高尔夫球手将球移动 10 厘米的可能性有多大？"

我们用 3 种不同的方式将这个问题呈现给参与者，每一种方式都描述了改变球的不利位置的方法（顺便说一下，在高尔夫球术语中，球的位置被称作 "lie"，这真是一个奇妙的巧合）。你认为水平一般的高尔夫球手会以什么方式将球移动约 10 厘米呢？（1）用球杆；（2）用鞋；（3）将球拾起，放在距离原位置 10 厘米的地方。

设计 "移动球" 这个问题的目的在于，探究人们在打高尔夫球时是否会符合我们先前实验的结果：人们与欺骗行为之间的距离会影响他们欺骗的程度。如果距离与前文中讨论过的代币实验（见第 2 章）中代币起到的作用一样，我们就可以预测：用手直接移动球时，对欺骗的容忍度是最低的；用鞋移动球时，会使欺骗容忍度升高；而距离最远，即用能使人与球不直接接触的器具（高尔夫球杆）来移动球时，对欺骗的容忍度是最高的。

这个实验的结果与我们此前的实验结果一样，即人们打高尔夫球时的欺骗行为直接受到这一行为与其自身之间心理距离的影响。我们与不诚实行为之间相距越远，欺骗行为就越容易发生。该实验的调查对象认为，用球杆移动球是最容易的，普通水平的高尔夫球手在这种情况下用球杆移动球的概率高达 23%，其次是用脚移动球（14% 的概率），最后是从道德上来说是最为困难的方法，即将球拾起，再移动其位置（10% 的概率）。

这些结果表明，如果将球拾起再重新放置，我们就无法忽略这个动作的目的和意图，因此也会觉得我们做了些不道德的事。用脚移动球这个行为虽然与我们自身有一些距离，毕竟我们是用脚移动了球。然而，用球杆轻轻击球时（尤其是随意打，打得不准确时），我们就能相对容易地为自己辩护。我们可以对自己说：“球最终停在哪里也许就看运气了。”如此一来，我们很有可能就原谅自己了。

## 何时会用“穆里甘”

据说，在 20 世纪 20 年代，一位名叫戴维 · 穆里甘的高尔夫球手在蒙特利尔的一个乡间俱乐部打球。一天，他的状态很糟，对自己击出的球也很不满意。于是，他将球重新放在球座上，又试了一次。根据这个故事，他将附加的一击称为“校正击”，而他的伙伴认为“穆里甘”这个名字更好一些。自此以后，穆里甘就成为高尔夫球运动中“重新发球”的官方术语。

如今，如果某位高尔夫球手的一击非常糟糕，他可能就会将其视为穆里甘，把球放回原来的位置继续击球，仿佛刚才的一击没有发生。（我的一个朋友就将其丈夫的前妻称作穆里甘）。严格来讲，穆里甘是不允许出现的，但在友谊赛中，参赛者有时会提前约定是否可以使用穆里甘。当然，即使在穆里甘不符合规则或不被认可的情况下，高尔夫球手仍然会时不时击出这样的球。而这些不符合规则的穆里甘，就是我们下一组问题关注的焦点。

我们问实验参与者，高尔夫球手在不被其他球员发现的情况下，使用不符合规则的穆里甘的可能性有多大。在这个问题的一个版本中，我们问参与者中的某个人在打第一杆后，使用不符合规则的穆里甘的可能性有多大。在这个问题的另一个版本中，我们问参与者中的某个人在打第 9 杆后，使用穆里甘的可能性有多大。

明确地说，针对这两种行为的规则并无不同之处：两种行为都是被禁止的。同时，与打第 9 杆时相比，似乎在打第一杆时我们更容易将穆里甘合理化。如果打第一杆后就重来，你可以装作“现在，我正式开始比赛了，从此刻起，我打的每一杆都会计分”。但如果你在打第 9 杆，你就不可能装作比赛还没开始。这意味着，如果你使用穆里甘，你就要承认自己确实是少算了一次击球。

基于从其他实验中得到的关于自我辩解的知识，我们对这次实验的结果做了预测。我们发现此次实验中人们使用穆里甘的意愿在不同的时间会有很大不同。我们的实验参与者预测到，40% 的高尔夫球手会在打第一杆时使用穆里甘，而 15% 的高尔夫球手会在打第 9 杆时使用穆里甘。

## 现实的“灰色地带”

在第三组问题中，我们要求高尔夫球手想象他们要向 5 杆洞（水平较高的选手击球 5 次就可进的洞）击 6 次球。这个问题有两个版本的假设，其中一个版本是，普通水平的球手是否会在他的记分卡上写下“5”，而不是“6”。另一个版本是，普通水平的高尔夫球手正确记录其杆数，但在累计杆数时，却将 6 算成了 5，通过错误的累计得到了同样的高分。这两者的可能性分别多大。

我们想要知道，高尔夫球手是否认为写下错误的杆数属于比较正当的做法，因为一旦写下杆数，就很难再有理由为其错误累计（这类似于重新放置球的行为）寻找托词。毕竟，对杆数进行错误累计是明显而又刻意的欺骗行为，很难将其合理化，这就是我们发现的现象。参与实验的高尔夫球手预测，在这种情况下，15% 的高尔夫球手可能会写下比实际表现好的杆数，而少数人（5%）可能会错误地累计他们的杆数。

伟大的高尔夫球手阿诺德·帕尔默曾经说过：“我有个小技巧，这个技巧可以帮助任何人在高尔夫球赛中少算 5 杆，这个技巧被称作橡皮擦。”然而，似乎大多数高尔夫球手不愿意采用这样的技巧，而在一开始就写下错误的杆数，至少他们可以更安心地进行欺骗。于是，我们又回到了“如果一棵树倒在森林里”这个老生常谈的问题——如果一个高尔夫球手在 5 杆洞击了 6 次球，他的杆数没有被记录，也没有人旁观，那他的杆数应该是 6 还是 5 呢？

以这种方式谎报杆数的做法与名为“薛定谔的猫”这一典型的思维实验，有很多相同之处。埃尔文·薛定谔是奥地利的物理学家，1935 年，他描述了以下情景：一只猫被密封在铁盒中，盒中还有一个可能会衰变，也可能不会衰变的放射性核素。一旦原子核发生衰变，就会引发一连串的效应，最终导致这只猫死亡。但若其没有发生衰变，猫就不会死。在薛定谔的设定下，只要盒子没有被打开，猫的生死就不详：我们既不能说它活着，也不能说它死了。薛定谔的这番描述意在批判量子力学无法描述客观事实，只能解决概率问题。现在，先不考虑物理学的哲学思辨，我们在思考高尔夫球的计分问题时，也能从“薛定谔的猫”的实验中获得一定的启示。高尔夫球中的杆数很像薛定谔实验中那只生死未卜的猫：杆数在未被记录的情况下，是不以任何形式存在的。杆数只有被写下后，它才能成为“客观事实”。

你可能会疑惑为什么我们要问参与者关于“普通水平的高尔夫球手会如何做”这样的问题，而不是问他们自己在球场上的表现。原因在于，我们认为高尔夫球手会与大多数人一样，在被直接问到自身是否会有不诚实的行为时很可能会撒谎。通过询问他们对其他人行为的预测，我们希望他们可以更容易地说出真相，而不会产生承认自己做了坏事的感觉。①

① 人们在询问尴尬情况下的意见时，往往说不是为了自己问，而是为“朋友”问。

尽管如此，我们还是想研究一下，哪些不诚实的行为是高尔夫球手愿意承认自己有过的。我们发现尽管许多“其他高尔夫球手”说了谎，但参与我们实验的这些高尔夫球手却像天使一样：当我们问到其自身行为时，他们承认自己有 8% 的概率会用球杆移动球以改善球的位置，用脚移动球的情况更少一些（有 4% 的概率），而将球拾起又重新放置的概率只有 2.5% 。现在，8%、4% 和 2.5% 似乎看起来仍是较大的数值（特别在知道一个高尔夫球场有 18 个洞，且有很多不同的作弊方法后），但与“其他高尔夫球手”的小动作相比，这些数值就显得微不足道了。

我们在高尔夫球手关于穆里甘和计分问题的回答中，发现了相似的差异。我们的参与者说他们只有 18% 的概率会在打第一杆后使用穆里甘，而在打第 9 杆后，只有 4% 的概率会这样做。他们还说自己只有 4% 的概率会谎报分数，且仅有 1% 的概率会有意错误地累计分数。

表 3–1 是对实验结果的总结：

**表 3–1　高尔夫球选手在不同情景下做出不诚实行为的概率**

| 问题类型 | 问题 | 产生不诚实行为的概率 | |
|---|---|---|---|
| | | 其他高尔夫球手 | 自己 |
| 移动球 | 通过球杆 | 23% | 8% |
| | 用脚踢 | 14% | 4% |
| | 拾起来 | 10% | 2.5% |
| 穆里甘 | 在打第 1 杆后 | 40% | 18% |
| | 在打第 9 杆后 | 15% | 4% |
| 计分 | 写错 | 15% | 4% |
| | 累计错 | 5% | 1% |

我不确定你会怎样理解这些不同，但在我看来，高尔夫球手不仅在打高尔夫球时会欺骗众人，他们还会用撒谎来掩饰自己的不诚实行为。

我们从高尔夫球运动中学到了什么呢？高尔夫球运动中的欺骗似乎与我们在实验室中观察到的欺骗有细微差别。当自身与不诚实行为还有一大段距离时，当举棋不定时，当欺骗更容易被合理化时，高尔夫球手会像地球上的其他人一样容易变得不诚实。另外，高尔夫球手貌似和其他人一样，会做出不诚实的行为，同时认为自己是诚实的。当人们对规则的解释众口不一时，当有“灰色地带”存在时，当人们可以自行评定自身行为时，即使被认为是很公平且值得尊敬的运动，也难以抵御欺骗的诱惑。

The (Honest) Truth
About Dishonesty

# 第 4 章

# 被动机迷惑的理智

假设你按预约时间去看牙医，你来到牙医诊所和接待员聊了几句，然后便坐下来随手翻阅几本旧杂志，等着接待员叫你。

再假设自你上次去看牙后，你的牙医购置了一台昂贵的新型牙科仪器——计算机辅助设计/制造（CAD/CAM）设备，这台尖端设备用于按个人情况定制与实施牙齿修复手术，如牙冠和牙桥的修复等。该设备的使用需分两步进行。第一步是在屏幕上显示病人牙齿和牙龈的立体图像，以便牙医能根据屏幕上的图像描绘出其牙冠的形状（若是其他修复手术，也可显示相应的图像），这是其计算机辅助设计的功能。这台设备还有计算机辅助制造的功能，即牙医根据所得图像将陶瓷材料塑成牙冠的形状。这台设备虽好，但价格不菲。

现在，我们回头再谈谈你。你刚浏览完一篇关于某位政客婚姻问题的文章，正想接着读一篇关于时尚女郎的报道时，接待员叫了你的名字，告诉你去左手边第二个房间就诊。

你坐在诊室的椅子上，牙科保健师和你闲聊了一会儿，随后他给你做了常规的口腔检查，又给你洗了牙。不一会儿，你的牙医进来了。

牙医也重复了同样的常规检查，边检查你的牙齿边告诉保健师，你的第 3 颗和第 4 颗牙齿需要做进一步检查，而且你的第 7 颗牙齿有裂痕。

“啊？裂痕？”你嘴巴大张着叫起来，右嘴角上还贴着吸管。

牙医停止了检查，把仪器从你的嘴里小心翼翼地抽出来，放到身旁的托盘里，又坐回椅子上。然后开始向你说明情况：“裂痕是牙齿釉质上的小裂纹。不过不用担心，我们有很好的办法来解决这个问题，用CAD/CAM设备给你做个牙冠就可以了。你觉得怎么样？”

你有些犹豫，但牙医向你保证不会有疼痛感，最后你还是同意了这个解决方案，毕竟这些年你一直都找这位牙医看牙。尽管有时他的诊疗令人颇为不满，但总体上你还是觉得不错。

现在，我想说明一点，你牙齿上的裂纹其实非常小，几乎没有任何临床症状，很多人的牙齿上都有这种裂纹，根本不需要担心。但牙医也许不会告诉你这一点。实际上，针对这些裂纹，我们通常没有采取任何措施的必要。

再讲一个从我朋友吉姆那里听来的真实故事吧。吉姆是一家大型牙科公司的前副总裁。几年来，他碰到了不少关于牙科方面的怪事，其中一个关于CAD/CAM的故事尤为可怕。

在CAD/CAM设备刚被引入美国市场的那几年里，美国密苏里州有一位牙医购买了这种设备，自此后，他对牙齿裂痕问题的态度好像与以前大不一样了。吉姆说：“对任何病例，他都想塑个牙冠解决。他对使用这台新设备兴趣十足，所以建议病人都尝试一下这台高科技的CAD/CAM设备，以拥有更灿烂的笑容。”

在这位牙医的众多患者中，有一位年轻的法学院学生，这位学生的牙齿也出现了毫无临床症状的裂纹；牙医一如既往地建议她进行牙冠手术。这位学生同意了医生的建议，因为她已经习惯了听取牙医的建议。你猜后来发生了什么事？因为这次牙冠手术，这位学生的牙齿出现了问题，最后坏死了。她不得不进行牙根管手术。不过，进行完这项手术之后情况更糟了。手术失败了，还需重做，但第二次牙根管手术也失败了。最后，这个女学生别无选择，只得再经受更复杂、更痛苦的手术。最初无害的牙齿裂痕治疗，最终却变成无尽的痛苦并带来重大的经济损失。

从法学院毕业后，这位女学生开始调查这件事，并（惊讶地）发现当初她并不需要进行这个牙冠手术。你可以想象，她并未因为自己的这个发现而感到兴奋，而是心怀恨意地将这位医生告上法庭，并最终赢得了官司。

现在，我们从这个故事中能得出什么结论呢？众所周知，用病态的，有时甚至是破坏性的方式做事的人，不一定就是堕落的人。有的人的意图虽好，却也会因人类自身的某些弱点而处置不当或铸成大错，但他们还是觉得自己很出色，品德端正。大多数牙医的能力和关心他人的品质是不容置疑的，不过，实践证明动机不纯会使最好的专业牙医偏离正轨。

试想，当牙医决定购置一台新设备时，他肯定认为这台设备可以帮助自己更好地给病人看病。但这样做的投资也很大。牙医想用这台设备来提升看病的质量，他也想让病人都来使用这台先进的新设备以收回自己的成本。所以，他总会有意无意地使用这台设备，他确实这样做了，病人最后也得到了新牙冠，尽管这个牙冠有时并非必要。

有一点需要说明：我认为牙医（或者是大多数人）不会通过评估病人的健康和自己的钱包来精确地计算出成本和收益，然后蓄意谋取自己的利益而不顾病人的利益。相反地，我觉得购置了CAD/CAM设备的牙医认为自己既然斥巨资购买了这台设备，就要物尽其用。这一点影响了牙医的专业判断，致使他们以自己的利益为出发点给出建议并做出决策，而不是单纯地为病人着想。

你也许会觉得，提供服务的人将两件不相干的事联系到一起（通常是利益冲突的两件事）的情况并不常见。但事实上，利益冲突在任何情况下，都会对我们的行为产生影响，而且这种影响往往体现在我们的工作和生活中（见图 4–1）。

牙医购置了新的（昂贵的）设备

牙医想使用这台设备并收取费用

牙医找到了劝病人使用这台新设备的理由

病人得到了新的（也许是没必要的）牙冠

**图 4–1　利益冲突如何影响牙医**

## 一个古怪的烧伤治疗方案：在脸上刺青

不久前，我碰到了一个相当蹊跷的利益冲突事件。当时我已经 25 岁了，大概在六七年前受过伤[①]，现在需要回医院做个例行检查。在检查的过程中，我碰到了几位医生，他们都重新看了我的病历。后来，

① 十几岁的时候一枚照明弹在我身旁爆炸了，我被诊断为大面积三度烧伤，并在随后的几年里经受很多次手术和治疗。若想了解更多的细节，请看我此前的书籍《怪诞行为学》。

我又碰到了烧伤科主任，他看到我似乎很高兴。

他说道："丹，针对你的病情，我们有个全新的治疗方法。你看，你的胡子又黑又密，刮脸的时候不论你刮得多干净，长胡子的地方总会露出胡子的黑茬。而你右半边的脸上有烧伤的疤痕，不会长胡子也没有胡茬，因此你的脸看上去不对称。"

于是，这位烧伤科主任就在那儿做了一个小型报告，从美学和社会因素的角度向我阐述了对称的重要性。我知道对称对他的重要性，因为几年前，我就听他做过类似的讲解，当时他劝我进行一个复杂又漫长的手术。他说他会在这个手术中取下我的部分头皮，同时还能保证大脑供血，然后对我右侧眉毛的右半边进行整形。（我做了这个时长达 12 个小时的手术，对结果也算满意。）

这位主任之后又提出了自己的建议："我们已经在像你这样的有疤痕的脸上进行过手术了，就是文上像胡茬那样的小黑点，而且病人对手术结果都感到很满意。"

我说道："这听上去挺有意思的，我能和进行过这个手术的病人聊一聊吗？"

他说道："对不起，你不能那么做，我们要对病人的医疗信息保密。"他拿了些病人的照片给我看，但这些照片展示的并不是病人的整张脸，而是在脸上刺青的部分。的确，有疤痕的部分看上去真的像长了胡茬那样的小黑点。

但接着我又想起一些别的事，便问道："我要是老了，胡子变白了，这些黑点又该怎么办呢？"

他回答道："哦，没问题，到那时我们会用激光把刺青的颜色弄浅。"他确信这种方法可行，站起来又说道："你明天 9 点再来吧，按往常那样就刮你左半边脸的胡须就行，刮得有多干净按你的喜好。我敢保证，到明天中午的时候，你就会变得更快乐、更具魅力。”

在开车回家的路上以及那天余下的时间里，我都在仔细考虑这个治疗方法的可行性。我还意识到，为了充分发挥这一疗法的效用，我以后不得不用同一种方法刮胡子。第二天一早我就去了烧伤科主任的办公室，告诉他我对这个手术没兴趣。

接下来发生的事是我没有预料到的，这位主任怒气冲冲地说：“你怎么回事？你不想招人喜欢吗？这种不对称的脸给你带来什么奇特的乐趣了吗？女士们会因为可怜你而和你做爱吗？我给你提供了又好又简单的方法来改变你的现状，你为什么就不能心怀感激地接受它呢？”

我说道：“我不知道，我就是对这个方法感到不安。你让我再想想吧。”

你也许很难相信这个主任会如此咄咄逼人、言辞激烈吧？但我可以肯定地告诉你，以上就是他的原话，与他平时对我的态度大相径庭，所以我才对他不留情面的讲话方式感到困惑。事实上，他是个出色且敬业的医生，他对我很好，也总是尽其所能地帮助我。这并不是我第一次拒绝接受治疗，我长年和专业的医学人士接触，有些治疗我是接受的，但有些我并不接受。不过，此前从来没有哪位医生，包括烧伤科主任，想让我因为满心愧疚而接受治疗。

我想知道这到底是怎么回事，于是我就找到了烧伤科的副主任，他更年轻一些，和我的关系也不错。我询问他主任为什么要给我施加压力。

他说道：“没错，主任已经劝服两个病人接受这个手术了，但若要在医学类核心期刊上发表科研文章，他还需要再找一个病例。”

这条信息无疑使我明白了我所面临的利益冲突。那位主任确实是位好医生，多年来，我也总能感受到他对我的关怀和呵护。但是，尽管他关心我，但在这件事上，他却无法眼看着其利益会因与我的利益相冲突而丧失。这也表明，人们的世界观一旦受到影响，想要突破这些利益冲突就会很难。

我也有几年在学术期刊上发表文章的经验，现在，我对这位医生的利益冲突有了更深刻的了解（此后还会有更多了解）。当然，我从来没试过强迫任何人在脸上刺青，不过以后可说不准。

## 互惠心理的秘密

产生利益冲突的另一个普遍原因是，我们生来就会报恩。从根本上说，人类是社会性动物，所以在接受他人的帮助或礼物时，我们往往会有负债感。这种感觉转而会影响我们的世界观，使我们将来更愿意回馈帮助过我们的人。

众多有关恩惠影响的研究中最有趣的一项是由安·哈维、乌利希·柯克、乔治·丹菲尔德和里德·蒙塔古（当时他们都在贝勒医学院）完成的。他们研究的内容是，恩惠是否会影响审美偏好。

当参与者来到贝勒医学院的神经科学实验室时，他们被告知需要评估两家画廊的艺术品，一家画廊名为“第三个月亮”，另一家名为“单身乌尔夫”。参与者被告知参与此次实验将会得到两家画廊提供的丰厚报酬。有部分人被告知其报酬由“第三个月亮”提供，而其他人则被告知报酬由“单身乌尔夫”提供。

得知这些信息后，参与者便进入到此次实验的主要环节。实验人员要求参与者在功能性磁共振成像仪（FMRI）中尽量不动。该大型成像设备的中央是个圆筒状的洞，一旦进入这个大型磁场中，参与者要快速浏览 60 张依次出现的画。参与者被告知所有的画都出自 13 世纪至 20 世纪的西方艺术家之手，从具象艺术到抽象艺术都有涉及。但参与者看到的不只是这 60 幅画，每幅画的左上角都鲜明地印上出售此画的画廊的商标，这就意味着有些画来自为参与者提供报酬的那家画廊，而另外一些画来自那家没有为参与者提供报酬的画廊。

在快速浏览环节结束后，每个参与者还要再看一次所有带商标的画，但这次他们要从“不喜欢”到“喜欢”依次对这些画进行排序。

拿到排序信息后，安和她的同事会对参与者喜欢的画进行比较，看看他们更喜欢“第三个月亮”画廊的画还是“单身乌尔夫”画廊的画。你也许已经预料到结果，当实验人员查看参与者的排序时，他们发现参与者更偏爱提供报酬的画廊的画。

你也许会认为偏爱给自己报酬的画廊的画是出于一种礼貌，或只是随口说说，就像是我们恭维请自己吃晚饭的朋友那样，尽管那顿饭的质量可能很一般。这时要参照功能性磁共振成像仪扫描的大脑图像。假设恩惠的影响非常大，大脑的扫描图像会显示出给报酬的画廊的商标会使参与者与快感相连的大脑区域（主要是腹内侧前额叶皮层，这个区域负责高阶思维，包括联想和读出含义）的活动增强。这说明画廊给的报酬深深地影响了人们对艺术品的反应。而当参与者被询问，他们是否认为赞助商的商标对自己的艺术鉴赏力有影响时，这些参与者会给出一致的回答：“不会，绝对不会。”

不同的参与者据其参与实验的时间长短而得到不同的报酬。有些人从赞助此次实验的画廊那里得到了 30 美元，有些人得到了 100 美元，最高的报酬是 300 美元。结果显示，对画廊的画的偏爱程度会随着所得报酬的增加而增加。当报酬是 30 美元时，大脑快感中枢活动的强度最低，报酬是 100 美元时，活动强度增加，而当报酬是 300 美元时，活动强度达到最高点。

这些结果表明，一旦某人（或某个组织）给了我们好处，我们就会偏袒任何与其相关的事情，而且这种偏袒会根据得到的好处（在这个例子中，好处就是获得的报酬）的增加而增加。有趣的是，给人钱财竟然会对人们的艺术欣赏偏好产生影响，需要注意的是，这种给予（因参与研究而得到钱）与艺术一点儿关系都没有，这些艺术画作都是由画廊的工作人员制作的。另一个值得一提的有趣现象是：参与者知道，无论他们如何给这些画作排序，画廊都会给他们提供报酬，而且这份报酬（及其数额大小）在参与者心里建立起一种受恩惠的感觉，这个感觉会引导他们的偏好。

## “随便吃”的制药公司

有些人、有些公司非常了解人类互惠的倾向，也因此花了很多时间和金钱努力让别人产生责任感。最能体现这种类型的职业，是那些擅长制造利益冲突的政府说客，他们将雇主提供的事实告知那些政客，然后不断给政客灌输责任感的意识和互惠的感觉，希望这些政客在投票时会考虑其雇主的利益，以此作为回报。

说客并不是唯一追求利益冲突的职业，为了数额可观的钱，其他职业在这方面也与说客旗鼓相当。我们来看医药公司里医药代表的工作方式。医药代表的工作就是去拜访医生，说服医生们采购治疗各种疾病（从哮喘到卓–艾综合征）的医疗器械和药物。首先，他们会给医生一支印有其医药公司商标的笔，或一个笔记本、一个水杯，抑或是一些免费的药物样品。这些小礼物能微妙地影响到医生的心理状态，使医生在开药时多开几次这种药物，这是因为他们觉得有必要回报送自己礼物的医药公司。

但是，这些小礼物和免费的药物样品只是医药代表哄医生时使用的几个小手段。我的一个同事，同时也是我的朋友（我们暂且称其为MD），告诉我“他们（医药代表）做事面面俱到”。MD还说药品公司，尤其是小型药品公司，会训练他们的医药代表，让他们像对待上帝一样对待医生。而且，这些医药代表大多数都很有魅力。整个服务链条的协调配合如军队一样严谨周密，每位医药代表都能进入一个数据库，里面清楚地记录着每位医生上个季度开的药方（既有该公司的药物，也有其竞争公司的药物）。医药代表也会想方设法知道每位医生及其办公室员工都喜欢吃什么食物，医生每天什么时候愿意见医药代表，以及什么类型的代表与医生最谈得来。如果一位医生和某位女性医药代表见面的时间长，那么药品公司就会调整这位女性医药代表的工作时间，让她能在该医生办公室里待的时间更长。如果某位医生是个军事迷，药品公司就会派一名退伍的老兵。值得注意的是，这些医药代表还要对医生平时接触的人表示友善，所以，当他们去医生的办公室时，总会给护士和前台的工作人员发一些糖和小礼物，这样就能确保他们从进门开始就受到青睐。

有个非常好玩的做法叫作“随便吃”，即医生可以打着教育的名号去提前预订档次高且可叫外卖的餐馆随便点自己想吃的食物。某些做法还可惠及医学院的学生和实习医生。这种策略有一个特别富有创造性的例子是著名的黑杯子，印有公司标识的黑色杯子被送到医生和住院医生的手上。按公司安排，只要医生把这个杯子带到当地任何一家咖啡连锁店（并未提及该连锁店的名字），就可以享受浓缩咖啡或卡布奇诺的无限续杯。大家都争着想得到这个杯子，这个杯子在学生和实习医生中还成为地位的象征。这些做法越来越猖狂，医院和美国医学会进而出台了更多的规定，限制这些明目张胆的市场策略。当然，随着这些规则越来越严厉，医药代表会继续寻找新的且有创意的方法，以便影响医生。这场“竞赛”仍将继续……[①]

几年前，我的同事珍妮特·施瓦茨（美国杜兰大学教授）和我一起请几位医药代表吃晚饭，本意是让他们透露这个行业的游戏规则。我们把他们带到一家高级餐厅，席间不断地给他们倒酒，感觉有些像是在讨好这些代表。喝得尽兴了，微醺中他们把行业中的小把戏一一道来。而我们听后，都感到很震惊。

想象一下有位 20 多岁的医药代表，是那种极具魅力、女孩子梦寐以求的约会对象。他是如何说服一位女医生参加他推广的药品信息讲座的呢？他的方法就是答应陪这位女医生去学交际舞。这其实就是一种没有明说的交换关系：代表帮医生一个忙，医生拿他代理的免费的药物样品并向病人推荐该药品。

代表还讲了另外一个惯用手法，就是给医生所在办公室的工作人员送饭（我想这也是当护士或接待员的好处）。甚至有的医生办公室的

① 证明对医药产业的影响最有效的证据也许是，这次采访的业内人士坚持要我对他的名字进行保密，以免上医药界的黑名单。

工作人员提出，如果代表想见到医生，午饭就要轮换着送牛排和龙虾。令人震惊的是，医生有时候甚至把代表叫到检查室去（让他以“专家”的身份）直接向病人介绍某种药物。

从卖医疗器械的代表那里听来的故事更让人不安。我们了解到，推销医疗器械的代表在实施手术的手术室里销售仪器的情况也很常见，且不是少数。

我和珍妮特惊奇地发现，医药代表对经典的心理说服策略非常了解，而且能自然而然地、熟练地运用这些策略。其中有个策略是，他们会雇医生去给其他的医生做简短的讲座来推广自己的药物。现在，医药代表真正在意的不是听众从讲座中学到了什么，而是做这个讲座对演讲者有何影响。他们发现，当演讲者对某种药物的好处进行讲解后，他们会开始相信自己说的话，此后也会按自己所说的内容给病人开药。心理学研究表明：我们会很快且很容易地相信自己说的话，就连自己当初为什么会这么说都不重要了。（在以上的例子中，医生这么说的原因是他们拿了别人的钱，受雇于人。）这是认知失调在起作用：医生也许会解释道，如果他们向别人推荐某种药物，那这种药物的疗效肯定不错，因此他们的信念就和自己的演讲口径一致了，开药时也会按自己演讲时说的开。

代表说他们还会使用其他手法，即成为变色龙——按不同的情况使用不同的口音、展现出不同性格和政治立场。他们以能把医生哄得舒服而感到骄傲。有时合作关系还能发展成社会关系，有些医药代表会和医生像朋友那样去海钓或打篮球。有了这样的经历，医生在开药时就会更高兴地用自己“铁哥们儿”的药。当然，医生在和医药代表钓鱼或投篮时并没有觉得自己在道德方面妥协了，他们只是觉得自己在和一个朋友放松度假，而这个朋友碰巧是个生意人。当然，在大多数情况下，医生可能并没有觉得自己被利用了，但毫无疑问，他们确实是被利用了。

伪装的恩惠不容易被识别，但多数情况下，利益冲突还是很容易被识别出来。有时制药公司会给医生几千美元的咨询费，有时制药公司会给医学院研究部门捐一座大楼或直接捐款，希望以此影响利益相关者的看法。这种做法会引起很多的利益冲突，在医学院里尤其如此，因为医学院里的教授对药物的偏见会影响到学生和病人的态度。

《纽约时报》的记者达夫·威尔逊给出了一个这种行为的例子。几年前，哈佛大学医学院的学生注意到，他们的药理学教授重点介绍了一款降胆固醇药的好处，而对其副作用轻描淡写。学生上网搜索后发现，在 10 家药品公司的工资单上都有这位教授的名字，其中，有 5 家公司都制造降胆固醇药。这样做的不止这位教授，威尔逊说："从哈佛大学医学院的公开信息来看，在 8 900 位教授和讲师中，有大约 1 600 位曾向校长报告说，他们或其家属与某家制药企业有金钱交易关系，而这些企业与其教学、研究或临床治疗有着这样或那样的联系。"若这些教授公然以药物推荐充当学术知识，我们就要面临严重的问题了。

## 粉饰数据

如果你认为医学界充满利益冲突，那我告诉你，其实还有一种职业的利益冲突更为普遍。没错，我说的就是金融服务业。

假设现在是 2007 年，你刚在华尔街的一家银行里找到一份不错的工作。只要你相信抵押证券（或其他新的金融工具）的前景不错，每年就可得到约 500 万美元的奖金。别人给你钱，就是要你维护扭曲的事实，但你也许并没有发觉，这笔钱已经影响到你对现实的看法了。你反而会很快相信，抵押证券的优势和你想象的完全一样。

一旦相信抵押证券是大势所趋，你就很难看到其中的风险。除此之外，人们都知道评估证券的真正价值是很难的。你需要从一大张复杂的、满是参数和方程式的电子表格中找出这些证券的真正价值，只要把折价系数从 0.934 改成 0.936，你马上就能看到证券价值大幅上涨。你继续和这些数字打交道，寻找最能代表“事实”的参数，但只用一只眼睛你也能看到你选择的系数会给未来的金融市场带来什么后果。但你不放弃，仍和数字打交道，直到确信这些数字是评估抵押证券的最好方式为止。你的心情很愉悦，因为你确信你已经尽了自己最大的努力去客观地评价这些证券的价值。

此外，你不是在和真实的钞票打交道，你只是在处理数据，离真实的钱还很远。这些数据的抽象性使你觉得自己的工作更像一种游戏，你的所作所为并没有真正影响到别人的家庭、生计或退休金。有这种感觉的人不只你一个。你意识到你旁边办公室里的那些聪明的金融工程师和你的做法差不多，而当你把自己的估值和他们的估值相比较后，你会发觉有几个同事的评估值比你给出的评估值更极端。你相信自己是理性的，也相信市场永远是对的，甚至更愿意接受自己目前的工作是经得起良心的考验的（我们会在第 9 章中更详细地介绍这方面的内容），对吗？

当然，其实谁做的都不对，（记得 2008 年的金融危机吗？）但一想到自己会赚一大笔钱，就会觉得捏造事实是可取的，人都会这么做。你的行为很有问题，你却看不出来。毕竟，你的利益冲突中不涉及真正的金钱，金融工具的复杂性令人难以置信，而你的同事们又都在做同样的事。

那部令人瞩目的（也令人非常悲伤的）奥斯卡获奖纪录片《监守自盗》，详细地揭示了金融服务业是如何使美国政府腐化，导致华尔街缺乏监管，进而引发 2008 年金融危机的。这部电影也展示了金融服务业是如何付钱给学者（包括校长、系主任和大学教授），让他们为金融业和华尔街撰写专业文章的。看过这部电影，你会对学术专家如此轻易地被人收买感到困惑，而且觉得自己永远也不会这么做。

在保证你的道德标准前，先假设我（或你）是捷安特银行（Giantbank）的审计委员会成员，报酬颇丰。现在，我收入中的很大一部分与银行的经营业绩息息相关，我可能因此不会再对银行的行为评头论足。例如，当原因足够强烈时，我不会再说诸如投资应该明确透明这样的话了，也不会说银行应该努力去克服其利益冲突。当然，迄今为止我还没有加入这样的委员会，所以我还是认为银行的行为应该受到谴责。

## “砖家”意见

利益冲突无处不在，但在现实生活中我们几乎无法识别这些冲突，想到这些，我就不得不承认我本人也很容易受到它们的影响。

有时，有人会拜访我们这些学者，希望我们能运用专业知识来回答他们的问题或成为专家鉴定人。在得到第一个学术职位后不久，我便应一家大型律师事务所的邀请成为其专家鉴定人。我还知道我有些更有建树的同事也以提供专家鉴定报告为副业，因为这份副业的收入不菲（尽管我的同事都坚持说自己这样做不是为了钱）。出于好奇，我想看看同事们曾经鉴定过的案件。看了几份之后，我很惊奇地发现他们对研究结果的运用都是片面的，而且他们在报告中对代表另一方的专家鉴定观点和资格也大加贬损，实际上在大多数情况下，另一方的专家鉴定人也都是德高望重的学者。

即便这样，我还是决定试一下这份兼职（当然不是为了钱），而我也因给出专家意见得到一大笔钱。[①]在着手该案件的前期我就意识到，和我共事的那位律师一直在向我灌输对此委托人有利的思想。他们并没有强行这样做，也没有具体说明哪些方面是对委托人有利的。他们只是让我叙述所有与此案相关的研究。他们指出，那些对委托人不利的发现也许存在方法论上的缺陷，而对委托人有利的研究都很重要，完成得也很出色。每次我用一种对他们有用的方式叙述一项研究时，他们就会热情地说几句恭维话。几周后，我发现自己更愿意迅速采纳我雇主的意见。整个体验过程让我怀疑：人们在收完钱后给出的观点是否是客观的（在此我坦诚地说，自己缺乏客观性，我确信没人会再让我当专家鉴定人了——也许这是件好事）。

① 这是我第一次在一个小时里有这么高的收入，我对自己开始如何以“工作时间”来看待众多决策产生了兴趣。一个小时的工作可以换来一顿美味的晚餐，几个小时的工作能买一辆新的自行车，我觉得这是思考我们应该和不应该买什么的一种有趣的方法，也许某天我会对此进行调查。

## 醉汉的实验数据是否应该被排除？

还有一次经历让我体验到了利益冲突的危害，这一危害出现在我自己的研究中。当时，我在哈佛大学的朋友非常好心地让我使用他们的行为实验室来做这些实验。我对能使用他们的设备特别感兴趣，因为他们的实验对象是周边的居民，而不是学生。

我专门拿出一周的时间针对决策制定的实验进行了测试，像往常一样，我预估某个实验条件下的参与者会比其他实验条件下的参与者表现得更好，当然，结果基本上也是如此。但是，有一个人却成了例外。这个人正好处在我预期会表现很好的实验条件之下，但他的表现比其他人更糟糕。这的确让人懊恼。在我更仔细地检查他的数据时，发现他的年龄比这个实验中的其他人要年长约 20 岁。我还记得曾有位更年长的参与者，他走进实验室时喝得烂醉。在发现这位参与者喝醉了的时候，我认为自己首先应该排除他的数据，因为他的决策制定能力受到了影响。所以，我排除了他的数据，和我预期的一样，结果马上就变好了。但几天后我再次思考排除这个数据的决定。我问自己：如果这个人处于另一种实验条件下，一种我认为参与者会表现得更糟的条件之下，结果又会怎样呢？如果真是这样，我很可能一开始并不会注意到他的实验结果，就算注意到了，也可能不会考虑排除他的数据。

在这个实验的后期，我本可以轻松地编个故事为自己不使用这个醉汉的数据找个借口，但如果他没有喝醉呢？如果他有其他某种与喝酒完全无关的身体障碍呢？我会为排除他的数据再找出一个借口或理性的论点吗？正如我们将在第 7 章中讨论的，创造性会使我们自私的动机看似合理，同时仍然感觉自己是诚实的。

于是我决定做两件事。第一，重新审核实验，对上次的实验结果进行复查，这件事进展得非常顺利。第二，我决定创立一些标准，借以排除一些实验对象，即我们不会让醉酒者或者无法听懂实验指令的人参与实验。但这些排除的规则必须在实验前就定下来，绝不能在得到实验数据后再排除参与者。

我从这个实验中学到了什么呢？在决定排除那个喝醉者的数据时，我真的认为这么做是符合科学的，感觉像是为了使真相大白去寻找最佳数据一样。我当时没觉得这么做是为了我自身的利益，但我明显有另一个动机：得到自己预期的结果。我还学到了一点：建立规则是很重要的，因为只有这样才能确保自己不受自身利益的影响。

## 信息公开未必是剂灵丹妙药

解决利益冲突的最佳途径是什么呢？多数人想到的都应该是“信息完全公开”，这和“阳光政策”类似，意思是，只要人们公开宣布自己在做什么，一切问题都可以避免。如果专业人士让客户清楚自己的动机，客户就会想一想再决定是否要听取专业人士（带有偏见）的建议，进而做出更明智的决定。

如果明确规定“信息要完全公开”，医生就要告诉病人他们推荐的治疗仪器在什么时候适用，或处方药物的制造商的成本如何；财务顾问则要告知其客户各个供应商和投资公司给出的不同费用、薪资和奖金。有了这样的信息，消费者应该就会适当地听取专业人士的意见，做出更明智的决策了。理论上讲，信息公开似乎是个不错的解决方法，既能排除那些承认自己存在利益冲突的专业人士，也能让他们的客户更好地知道这些信息的来源。

然而，结果表明信息公开通常并非解决利益冲突的有效办法。事实上，公开有时会使事情变得更糟。为了解释得更清楚，请看由黛利安、凯恩（两人都是耶鲁大学的教授）、乔治·罗文斯坦（卡内基·梅隆大学教授）和唐·摩尔（加州大学伯克利分校教授）做过的一项研究。在这项研究中，参与者会玩一个游戏，分别扮演游戏中的两种角色。（顺便说一句，研究者所谓的“游戏”不是孩子们眼中的游戏。）一部分参与者扮演的是测评员的角色，他们的任务就是尽可能准确地估计一个装满零钱的大瓶子里的总钱数。这些参与者根据自己的估值与瓶中实际钱数的接近程度领取报酬，估值越接近实际钱数，得到的报酬就越多。无论是高估或低估都无所谓，只要接近准确值就行。

其他参与者则扮演顾问的角色，他们的任务是为那些测评员提供建议。（其职责和你的股票顾问很像，只是他们的任务更简单。）测评员和顾问之间有两点不同。第一个不同点是，测评员只能有几秒的时间观察放在远处的瓶子；而顾问观察瓶子的时间更长一点，而且还知道瓶子里的总钱数为 10~30 美元。这样，顾问在提建议时就有了范围，在测评瓶子里的钱数这个问题上也可算是半个专业人士了。因此，测评员在猜测时也更依赖顾问的说法（这种依赖类似于生活中我们对专业人士的依赖）。

第二个不同点与顾问报酬支付的规定有关。在控制条件下，顾问会根据测评员测评的准确性获得报酬，所以顾问和测评员之间不存在利益冲突。在利益冲突的条件下，测评员估测的钱数与真实值的差距越大，顾问得到的报酬就越高。也就是说，测评员错估 1 美元，顾问就收益 1 美元，若测评员错估了 3 美元或 4 美元，顾问的收益就更大。错误估值越大，测评员得到的钱就越少，而顾问得到的钱却越多。

那么，在控制条件下与在利益冲突条件下都会发生什么情况呢？你肯定猜到了：在控制条件下，顾问给出了平均估值为 16.5 美元的提示，而在利益冲突条件下，顾问给出超过 20 美元的提示。基本上，在利益冲突条件下，他们都把测评值提高了 4 美元。你现在也许能比较乐观地看待这个结果，告诉自己说："好吧，至少给出的提示不是 36 美元或更大的数值。"但如果这就是你所想的，那么你还应该想到两点：第一，顾问不应该故意夸大提示的数值，毕竟测评员没有近距离看到瓶子。同时，如果觉得参考值太高，测评员应该不会去考虑它。第二，多数人都会在欺骗别人的同时，仍然觉得自己是个好人。如此看来，这里的经验系数就是 4 美元（或者是总钱数的 1/4）。

然而，真正体现这项实验价值的是第三个条件，即利益冲突和信息公开的条件。在这个条件下给顾问报酬的规定和在利益冲突条件下是一样的，只不过顾问还需要告诉测评员：他们估错得越多，顾问得到的报酬就越多。这次，"阳光政策"起作用了。公开顾问得到报酬的规定后，测评员就会想到顾问的建议是有偏差的，进而会适当地、有条件地听取他们给出的提示。这样当然对测评员有利，但有关报酬的规定公开之后，顾问会受到什么影响呢？信息公开会排除顾问提示中的偏差吗？公开顾问的提示偏差会扩大欺骗的程度吗？现在，当顾问夸大其提示值时会感到心安吗？最重要的是，在对顾问的影响和对测评员的影响中，哪种影响更大？测评员有条件地听取顾问的提示时，对顾问的提示所打的折扣与顾问实际夸大程度相比，更大还是更小呢？

想知道结果吗？在利益冲突和信息公开的条件下，顾问给出的提示值在原基础上又增加了 4 美元（即从 20.16 美元增加到 24.16 美元）。测评员的反应怎么样呢？你可能已经猜到了。他们在听取顾问的提示值时，的确打了折扣，但与之前相比，仅减少 2 美元。换句话说，尽管测评员在形成自己的测评值时，确实考虑了顾问会夸大提示值的信息，但他们对提示值打的折扣还不够。和我们一样，测评员对顾问利益冲突的强度也没有充分的认识。

我们从中可以看出：信息公开可能会产生更强的偏差。因为公开，测评员得到的钱减少了，而顾问得到的钱则更多。现在，我不确定信息公开一定会使事情对客户不利；但很明显，公开和“阳光政策”不会使事情变得更好。

## 如何降低利益冲突?

既然我们对利益冲突有了些许了解，就应该清楚利益冲突到底会产生哪些严重问题。利益冲突无处不在，但我们却无法充分了解它们对我们的影响。那现在我们应该做些什么呢？

有个简单的方法就是尝试着排除利益冲突。当然，这件事说起来容易做起来难。在医学界，这就意味着医生不能用自己的仪器给病人治疗或做测试，我们只得让某个独立的，和医生或设备公司没有利益关联的单位来做治疗或测试；还要禁止医生为药品公司当顾问或投资医药类股票。而且，如果不想与医生有利益冲突，我们需要确保他们的收入不依赖医疗过程中包含的诊断数量、类型或推荐的药物。同样的，如果想排除与财务顾问的利益冲突，我们就不应该允许他们有与客户利益相冲突的动机，即没有服务费，没有回扣，与赢利与否也没有关联。

尽管降低利益冲突的重要性很明显，但做起来却不容易。拿承包人、律师和汽车维修工为例，这些专业人士获取报酬的方式使他们卷入了可怕的利益冲突，因为他们都是通过向没有专业知识和技术的客户提供建议而得到好处。但等一下，想一想有没有一种弥补方法是不涉及利益冲突的。如果你努力想出这样一种方法，你很可能会意识到这个弥补方法（如果有可能实现）非常难实现。还需要意识到尽管利益冲突会引发问题，但冲突的发生有时也是有原因的。拿医生（和牙医）使用其拥有的设备给病人治疗的例子来说，尽管从利益冲突的角度来看，这存在一定的风险，但也有内在的好处：专业人士往往买的是他们认为有用的设备，他们成为专业人士也是因为使用了这些设备，使用这些设备对病人来说很有帮助，医生甚至会为了改善设备或弄清设备的使用方法而进行研究。

但关键在于要想出这样的弥补措施并不容易，这些措施本质上不包括利益冲突，但有时却会依赖利益冲突。即使我们能排除所有的利益冲突，但灵活性会降低，官僚作风和监管制度也会随之加强，这样的代价未免太高，这也就是为什么我们不应该提倡过于严厉的规则和约束条件（例如医生不能和医药代表交谈或使用自己的设备）。同时，我不认为清楚自己是如何被自己的财务顾问蒙蔽的有多重要。我们应该认识到，包含利益冲突的情况存在很多不利之处，并在成本可能会高于利益时，设法降低这种冲突。

你可能预料到了，在很多情况下我们应该排除利益冲突。例如，通过副业赚取报酬的财务顾问；担任某公司咨询顾问的审计员；当客户赢利时获得一笔可观的分红，而在客户输得一干二净时自己却什么也不损失的金融专业人士；靠给公司评级获取利益的评级机构；接受企业和说客的资金和支持，以换取他们选票的政客，在这些例子中，我们必须尽可能地排除利益冲突，最好的办法就是制定规范。

你可能会怀疑这方面的规范是否能实现。如果美国政府或专业组织没有具体制定出规范来，我们作为消费者应该意识到因利益冲突而产生的风险，并尽最大努力找到更小利益冲突的服务提供者（也有可能找不到）。钱能使服务提供者降低利益冲突，达到我们的要求。

最后，当我们在做重大决策，且听到的建议有偏差时（如医生建议我们在脸上刺青），我们应该花点时间和精力去问问另一个与这个决策没有利益关系的人的意见。

The (Honest) Truth
About Dishonesty

# 第 5 章

# 越疲倦，越冲动

假设你刚刚度过了辛苦而忙碌的一天——你搬了一天的家，已经筋疲力尽，连头发丝都感到累，当然不想再去做饭了。你甚至连拿锅、盘子和叉子的力气都没有了，更不要说使用它们了。显然，最好的方法就是买现成的食物回家吃。

你的新家所在的街区内有 3 家餐馆。一家是小餐馆，可以买到新鲜的蔬菜沙拉和三明治。第二家是中国餐馆，菜品又油又咸使你的舌头发麻。第三家是一间由夫妻两人经营的、装修精致的比萨饼店，他们的比萨有人脸的两倍大，当地人都喜欢。你愿意拖着自己疲惫不堪的身体去哪家店呢？你愿意在自己新家的地板上享用哪种食物呢？试想，如果这天你不是在搬家，而是整个下午都在后院读书，你的选择又会怎样呢？

也许你没注意到，在压力比较大的日子里，我们往往经不住诱惑，会选择那些不健康的食物。一提到搬家，人们想到的几乎就是重口味的菜品和比萨；或想到一对年轻、漂亮又很快乐的夫妻坐在很多大箱子中间，拿着筷子吃食品盒里的炒面；或想到大学时代我们帮朋友搬家，作为回报他们请我们吃比萨、喝啤酒。

极度疲劳和吃垃圾食品之间莫名的联系，不是你想象出来的。这解释了为什么很多人会因为压力而停止节食减肥，或者在危机过后又开始吸烟。

## 选择水果还是选择巧克力蛋糕?

这种莫名的联系与我们自身的欲望(情绪化)和理性(审慎)间的矛盾有关。这个观点早就存在了,历史上很多具有开创性的书(和学术论文)都提到了欲望和理性间的矛盾。我们都听过亚当和夏娃的故事,知道他们受到被禁的知识和鲜美水果的引诱。我们还听说过奥德修斯的故事,他知道自己会被海上女妖塞壬的歌声迷惑,因而明智地让手下把其绑到桅杆上,并让手下用蜡封住他们自己的耳朵,以避免听到女妖迷惑人的歌声(这样的话,奥德修斯既能听到歌声,也不用担心他的手下会使船失事)。表现欲望和理性间最悲惨的斗争故事之一,要数莎士比亚笔下罗密欧和朱丽叶坚贞的爱情故事,尽管劳伦斯神父警告过他们:无法抑制的激情只会带来灾难。

巴巴·什夫(斯坦福大学教授)和萨沙·菲德瑞克因(印第安纳大学教授)为理性和欲望间的紧张关系做了一次有力的证明。有观点称,如果大脑中负责协商思维的部分在想别的事,人们则更容易受到诱惑。这两位教授对此观点进行了检测。巴巴和萨沙没有切除参与者的部分大脑(动物研究者有时会这样做)来降低其高效思考的能力,也没有使用磁脉冲来干扰参与者的思维(尽管某些仪器可以做到这点)。他们只是决定通过对参与者施加心理学家所谓的认知负荷来加重其思维负担。简单地说,他们想验证同时思考很多件事情是否会使人们抵抗诱惑的认知空间减小,从而更容易屈从于诱惑。

巴巴和萨沙的实验是这样进行的:他们将参与者分成两组,让其中一个组记住一个两位数(如 35),另一个组记住一个 7 位数(如 7 581 280)。他们告诉这些参与者,要想得到报酬,就必须把这个数字复述给另一名参与者，而另一名参与者在楼道另一头的房间里等着。如果参与者不记得这个数字怎么办？那就没有报酬了。

参与者排着队等着参加这个实验。参与者很快就看到了一个两位数或 7 位数，记住这个数字后，他们每个人都要走到楼道另一头的房间里并说出这个数字。走过楼道时，会有人推着一辆小车走过，车上有很多块香气浓郁的黑巧克力蛋糕和几小盆颜色丰富又有营养的水果。参与者经过小车时，另一位实验人员告诉他们，他们一旦到了第二个房间并复述了其看到的数字后，就能得到小车上的一种食物，但他们必须在路过小车时就决定选哪种食物。参与者做出了自己的决定，拿到一张写有其选择食物的小纸条，然后走向第二个房间。

在或大或小的认知压力下，参与者做了什么决定呢？他们是会根据自己的直觉说“太棒了，我选蛋糕”呢，还是会选择有营养的水果（这个很理性的选择）呢？如巴巴和萨沙预期的那样，答案一定程度上依赖于参与者脑子里想的那个数字是容易记住还是难以记住。那些经过小车时头脑里想着“35”的人比想着“7 581 280”的人，更容易选择水果。想着 7 位数的参与者，其大脑中的高水平思维能力被占用了，他们抵抗其本能欲望的能力就降低了，所以他们中的很多人马上选择了诱人的巧克力蛋糕。

## 疲惫的大脑

巴巴和萨沙的实验表明，当我们负责协商推理的思维被占用时，冲动在支配我们的行为方面占了上风。但在思考罗伊·鲍迈斯特（佛罗里达州立大学教授）提出的“自我耗竭”理论时，我们理性分析的能力和欲望间的相互作用就变得越发复杂了。

为了弄明白什么是自我耗竭，你可以想象自己正在减肥。一天，在公司开晨会时，你一直盯着一块一口酥奶酪，但你决心要减肥，所以你努力克制自己不受诱惑，只喝咖啡。过了一会儿，你又想在午饭时吃牛油拌面了，但你强制自己只订了一份田园沙拉和烤鸡。1 个小时后，你想提前一会儿下班，因为你的老板不在。但你管住了自己，说道，“不行，我必须要完成这份计划。”这几件事中，你享乐的本性促使你满足自己的欲望，而你的自我控制力（或者是意志力）起了主导作用，遏制住了你的冲动。

自我耗竭的基本思想是抵制诱惑需要付出极大的努力和精力。现在，请把你的意志力想象成肌肉。在看到炸鸡或巧克力奶昔时，我们直觉性的回应就是“太棒了，我想吃”。克服这种欲望，需要我们付出精力。我们为了避免诱惑而做出的每个决定都需要付出一定的努力（就像是举起重物），一次次地付出努力后，我们的意志力最终会被耗竭殆尽（就像是一次次地举起重物）。这就意味着，在花了一天的时间对不同的诱惑说“不”后，我们抵制诱惑的能力就降低了，直到某个时刻，我们屈服了，吃了很多一口酥奶酪、奥利奥饼干、炸薯条或其他什么让我们流口水的食物。当然，这个想法令人不安。毕竟我们每天都需要做出决定，都要抵制一连串的诱惑。如果不断地自控会导致自控力下降，那我们常常屈服也就不足为奇了。自我耗竭还解释了为什么一到晚上我们就很难自控，这是因为一整天的努力工作使得我们感到疲惫，所以一到晚上，我们就更容易屈从于自己的欲望（吃夜宵就是抵抗了一整天的诱惑后最容易做的事）。

## 当法官疲惫的时候

假设马上要参加一个假释听证会，那么你一定要确保这个听证会是你今天早晨或午餐后要做的第一件事。为什么呢？因为沙依·丹齐格（特拉维夫大学教授）、乔纳森·勒瓦夫（斯坦福大学教授）和利奥雷·奥夫内姆–波索（本·古里安大学教授）所做的一项研究表明，假释裁决委员会的法官在精力充沛的时候，更容易同意假释要求。几位研究者在调查了很多以色列的假释规则和案例后发现，假释裁决委员会更容易批准当天的第一批假释和午休后的第一批假释。为什么呢？假释裁决委员会默认的决定是不批准假释的，但当法官精神很好时（往往是早上或刚吃过饭或休息过后），他们往往会不顾习惯，做出需要付出精力的决定，因此更容易批准假释。但做了一天艰难的决定后，法官的认知负荷已经很重了，他们更愿意做些简单的决策，即遵从默认决定——不批准假释。

我认为博士生（他们从某种意义上也可被看成囚犯）能对这种机制心领神会，因为他们在论文开题报告和答辩时常会给教授带些甜甜圈、松饼和曲奇饼干。这样的话，根据对“假释”的研究来看，博士生的“法官”更愿意批准他们的“学术假释申请”，并让他们开始自己独立的生活。

## 压力大的人更容易说谎吗?

在《欲望都市》这部电视剧中，萨曼莎·琼斯（就是最漂亮、最好色的那位）正处于一段稳定的恋爱关系中。然而，她突然开始疯狂地吃东西，当然，最后她的体重剧增。令我感兴趣的是这种难以理解的行为背后的原因。萨曼莎之所以疯狂地吃东西，是因为有位英俊的男子搬到了她的隔壁。如果她还是单身，她肯定会追他，但她此时已不是单身。她意识到，她把食物当成抵制诱惑的手段。她向其朋友们解释道:“我只有不停地吃东西才能防止自己背叛现在的男朋友。”萨曼莎这个虚构的角色和现实中的人一样，自控能力被耗竭了。她抵制不了所有的诱惑，所以她妥协了，为了不滥情，她选择暴饮暴食。

《欲望都市》虽不是影视或心理学领域的杰作，但它却提出了一个有趣的问题：在某方面给自己压力过大的人，在其他方面其道德感会降低吗？耗竭会让我们背叛自己的恋人吗？对此，妮可·米德（里斯本天主教大学教授）、罗伊·鲍迈斯特、弗朗西斯卡·吉诺、马利斯·施维泽和我决定要验证一下。现实生活中像萨曼莎这样的人，因某项任务而自控能力变差，然后又有可能背叛自己恋人的人会怎样做？这之后选择背叛的人数会变多还是变少？他们能预测到自己会屈从于诱惑，因而试着避免诱惑吗？

我们的实验包括几个步骤，第一步，我们先把实验参与者分成两组。让其中一组写出他们前一天都干了什么，而且不能使用含有字母“x”和“z”的单词。为了能切身感受这个实验，你也可以试着写一写。请在下面的空行上写出你最喜欢的书的概要，但不能使用含有字母“x”和“z”的单词。注意：你不能只是简单地从单词中省略掉这两个字母，你必须使用不包含这两个字母的单词（如“bicycle”）。

我们称这种做法为非耗尽条件，因为正如你所说，不使用含字母“x”和“z”的单词即使写篇短文也不容易。

我们让另一个组做同样的事，只是他们不能使用含有字母“a”和“n”的单词。为了看清这个任务与前一组的任务有何不同，你可以试着写一篇关于你最喜欢的电影的概要，同时不能使用任何包含“a”和“n”的单词。

对于第二个任务，你可能有自己的亲身经历。在写故事的时候，你会按照要求不使用包含“a”和“n”的单词，这样你就只能不断地重复着脑中自然想到的词。在叙述故事中的人物时，你不能写出像“went for a walk in the park”（去公园散步）或“ran into each other at a restaurant”（在餐馆中邂逅某个人）这样的句子。

所有对你施加压力的这些小行为将使你有更大的精力耗竭。

第二步，参与者上交短文后，我们让他们去完成另一项独立的任务——参加标准矩阵测试，这个任务是这项实验的重点。

结果会怎样呢？在两个控制条件下，我们发现精力耗竭的人和非耗竭的人在解决数学问题时能力相当，这就意味着耗竭没有降低他们做数学题的基本能力。但在两个粉碎机条件下（这种条件下，他们可以作弊），情况就改变了。那些在短文中不能写“x”和“z”的人在粉碎矩阵任务的答题纸后，多多少少都会作弊，他们自称做对的矩阵问题往往比实际情况多 1 个。但经受了不能写“a”和“n”的参与者，在粉碎机条件下的表现就更糟糕了。他们声称自己正确解决的矩阵数比其实际解决的多了 3 个。结果表明：任务的负荷越大，精力耗竭越多，参与者就越容易作弊。

这些发现表明了什么呢？总的来说，如果你的意志力下降了，控制欲望的难度就会增大，这种难度最终也会降低你的诚信水平。

## 为什么一到期末考试，学生们的亲人就纷纷离世？

多年的执教经验让我发现，每到学期末，学生们就会有很多亲人去世，且大多集中在期末考试的前一周和交论文的时候。平均每个学期都会有 10% 的学生要求缓考或延迟交论文的时间，理由就是他们的某位亲人去世了——通常是他们的奶奶。当然，我会觉得这是一件令人伤感的事，也总是会同情我的学生们，从而给他们更多的时间去完成作业。但问题出来了：期末考试的这几周是怎么了？为什么这段时间对学生的亲人来说是离世高峰期?

大多数教授也碰到同样令人困惑的问题，我想大家一定越来越怀疑这些考试和奶奶的去世之间有着某种因果关系。事实上，有位勇敢的研究者已经成功地证明两者间的关系。经过几年的数据收集工作后，迈克·亚当斯（东康涅狄格州立大学生物学教授）指出：奶奶在期中考试前去世的可能性是平时的 10 倍，在期末考试前去世的可能性是平时的 19 倍。而且，特别是在班里表现不好的学生，他们的奶奶去世的可能性更高；考试可能不及格的学生失去奶奶的可能性比考试可能及格的学生高 50 倍。

在一篇探讨这个不幸联系的论文中，亚当斯猜想，这个现象的原因是群聚动力，也就是说，学生的奶奶们非常关心他们，因为担心他们的考试结果而去世。这种说法的确解释了为什么在利害关系上升时，尤其是学生的学术前景一片暗淡时，更容易发生不幸。了解到这个发现，美国应该出台政策，要求密切关注奶奶们（尤其是成绩差的学生的奶奶）的身体状况，特别是她们在期末考试前或考试进行时那几周的身体状况。另一个建议是，学生（尤其是在班里表现不好的学生）不应该告诉奶奶考试的时间或他们在班里的学习情况。

群聚动力很可能是引起这个形势变化的原因，但似乎这个原因会让奶奶们一年受到两次惊吓，不过还可能有另一个解释。由于对考试或论文答辩缺乏准备，奶奶去世可能是学生为争取更多的时间而对老师撒的谎，他们的奶奶其实还活得很好。如果真是撒谎的话，我们也许想问问，为什么学生在学期末更容易“失去”他们的奶奶（教授收到的邮件里是这样讲的）。

也许到了期末，几个月的学习耗竭了学生的体力，过度劳累使他们丧失一些道德感，对他们奶奶的生命也表现出不尊重。如果记住一个较长的数字需要消耗的注意力能使人们匆匆地选择一块巧克力蛋糕，那么，几个月以来好几门课程积累的功课量足以让学生们捏造奶奶去世的谎言，以缓解学习上的压力（但这点不能作为学生对教授撒谎的借口）。

在此我还想多说一句：奶奶们，请在期末考试期间照顾好自己。

## “绿色”这个词是什么颜色的？

我们已经了解到，自我耗竭会使我们的部分理性和道德感降低。

但在现实生活中，我们仍然可以选择避开那些可能会诱发我们做出不道德行为的情境。如果能意识到自身意志力有所消耗时更容易撒谎，我们就能在出现自我耗竭时考虑到这一点，进而避免诱惑（例如，在减肥期间，避免诱惑意味着我们饿了的时候不去买食物）。

在接下来的实验中，实验参与者可选择是否愿意将自己置于一种情况下，在该情况下，实验人员有作弊的机会。我们仍旧会设置两组：一组的意志力有所耗竭，而另一组的意志力则没有耗竭。然而，这次我们用了不同的方法消耗参与者的意志力，这种方法被称为史楚普作业。

在这项实验中，我们让参与者看一张写有“红色”、“绿色”和“蓝色”这三个词的列表，每个词都被印刷成了这三种颜色中的任意一种。列表有 5 列 15 行（共 75 个词），词是无序排列的。我们要求参与者一看到这张纸就大声地说出每个词被印成了什么颜色。实验的指令很简单：“如果这个词被印成了红色，不管这个词的词意是什么，你就应该说‘红色’。如果这个词被印成了绿色，不管这个词的词意是什么，你应该说‘绿色’。以此类推，你要快速地说出词被印成的颜色。如果说错了，就要重说，直到说对为止。”

处于非耗竭条件下的参与者，词意与颜色是匹配的，即该词所表示的颜色（如绿色）也是用这个颜色（绿色）印出来的。耗竭条件下的参与者得到的任务指示与上个实验相同，但词语列表有一处明显不同，即词语的印刷颜色与其本身所代表的颜色含义不匹配（如蓝色这个词被印成了绿色，而参与者要说“绿色”）。

你也可以尝试着在非耗竭条件下自己做实验，用某页颜色列表做第一个史楚普作业实验，并统计自己说出“名副其实的颜色词”列表用了多长时间。在你做完这项实验后，尝试着在耗竭条件下，说出“名不符实的颜色词”列表所用的时间。

你用多长时间完成了这两项实验？如果你和大多数参与者一样，则（在非耗竭条件下）读“名副其实的颜色词”列表用大约 60 秒的时间，而（在耗竭条件下）读“名不符实的颜色词”的难度要高出三四倍，所用的时间也就更长。

具有讽刺意味的是，从词的颜色和意思不一致的列表中读出颜色的难度竟然要视读者的阅读能力而定。对于经验丰富的读者来说，所读词的意思会迅速地呈现在他们的大脑里，使我们几乎不假思索地说出对应词，而不是词被印成的颜色。看到“红色”这个词被印成绿色时，我们会脱口而出“红色”，但在这个任务中，我们却不应该这么说。所以，我们要努力抑制住下意识的反应，不说出词意，而要说出词的印刷颜色。你可能也注意到了，在做实验时，你常要压抑住自己快速本能的反应，要努力说出意识到的（且是正确的）那个答案，你

## 非耗竭条件下

### 名副其实的颜色词

| | | | | |
|---|---|---|---|---|
| 红色 | 蓝色 | 绿色 | 红色 | 蓝色 |
| 绿色 | 绿色 | 红色 | 蓝色 | 绿色 |
| 蓝色 | 红色 | 蓝色 | 绿色 | 红色 |
| 绿色 | 蓝色 | 红色 | 红色 | 蓝色 |
| 红色 | 红色 | 绿色 | 蓝色 | 绿色 |
| 蓝色 | 绿色 | 蓝色 | 绿色 | 红色 |
| 红色 | 蓝色 | 绿色 | 蓝色 | 绿色 |
| 蓝色 | 绿色 | 红色 | 绿色 | 红色 |
| 绿色 | 红色 | 蓝色 | 红色 | 蓝色 |
| 蓝色 | 绿色 | 绿色 | 蓝色 | 绿色 |
| 绿色 | 红色 | 蓝色 | 红色 | 红色 |
| 红色 | 蓝色 | 红色 | 绿色 | 蓝色 |
| 绿色 | 红色 | 蓝色 | 红色 | 绿色 |
| 蓝色 | 蓝色 | 红色 | 绿色 | 红色 |
| 红色 | 绿色 | 绿色 | 蓝色 | 蓝色 |

## 耗竭条件下

### 名不符实的颜色词

| | | | | |
|---|---|---|---|---|
| 红色 | 蓝色 | 绿色 | 红色 | 蓝色 |
| 绿色 | 绿色 | 红色 | 蓝色 | 绿色 |
| 蓝色 | 红色 | 蓝色 | 绿色 | 红色 |
| 绿色 | 蓝色 | 红色 | 红色 | 蓝色 |
| 红色 | 红色 | 绿色 | 蓝色 | 绿色 |
| 蓝色 | 绿色 | 蓝色 | 绿色 | 红色 |
| 红色 | 蓝色 | 绿色 | 蓝色 | 绿色 |
| 蓝色 | 绿色 | 红色 | 绿色 | 红色 |
| 绿色 | 红色 | 蓝色 | 红色 | 蓝色 |
| 蓝色 | 绿色 | 绿色 | 蓝色 | 绿色 |
| 绿色 | 红色 | 蓝色 | 红色 | 红色 |
| 红色 | 蓝色 | 红色 | 绿色 | 蓝色 |
| 绿色 | 红色 | 蓝色 | 红色 | 绿色 |
| 蓝色 | 蓝色 | 红色 | 绿色 | 红色 |
| 红色 | 绿色 | 绿色 | 蓝色 | 蓝色 |

也因此感受到精力上的耗竭。

完成或易或难的史楚普作业之后，每位参与者都有机会参加一个关于佛罗里达州立大学校史的多项选择测试。测试包括“该大学什么时候建立的？”和“在 1993 年至 2001 年间，该大学的足球队参加过几场美国锦标赛？”等题目，这个测试总共有 50 道题，每道题有 4 个备选答案，每位参与者会根据表现得到报酬。而且，他们做完题时会得到一张气泡膜，答卷上的答案可以呈现在这张气泡膜上，这样，答卷能重复使用，且只上交气泡膜就能得到报酬了。

假设你是一个处于有机会作弊条件下的学生，刚刚完成了史楚普作业实验（可能是耗竭条件下，也可能不是），又花了几分钟时间回答关于校史的测试题，现在考试结束了。你走到实验人员面前，拿了一张气泡膜把测试的答案写到纸上。

实验人员噘起嘴说道：“对不起，气泡膜快用完了！我只有一张没用过的和一张写过答案的气泡膜。”她告诉你，她已经尽了最大的努力抹去已用气泡膜上的答案，但答案仍能看得出来。她有些不耐烦，说在你的测试结束后她还要再进行一个测试。她后来又找到你，问你一个问题：“既然你是今天最后两个参与者的前一个，你可以选择使用哪张气泡膜，干净的那张或是之前使用过的那张。”

当然，你心里明白如果想要作弊的话，用已使用过的气泡膜可以给你提供一些参考答案。那么你会选使用过的那张气泡膜吗？你也许会因为想帮助实验人员，不想让实验人员那么担心，而选择使用过的气泡膜；你也许是想作弊而选择使用过的气泡膜；又或者你觉得用使用过的气泡膜会诱使你作弊，所以你不选择使用过的气泡膜，因为你认为自己是个诚实、正直且有道德的人。不论选哪张纸，你要做的就是把自己的答案誊写到气泡膜上，用碎纸机粉碎答卷，并把气泡膜交给会给你支付报酬的实验人员。

精力耗竭的参与者是会摆脱具有作弊诱惑力的气泡膜，还是选择未使用的气泡膜？结果表明，相比于非耗竭条件下的参与者，耗竭条件下的参与者更容易选择会诱使他们作弊的气泡膜。由于参与者自身精力的耗竭，他们更多地选择使用过的气泡膜，并且在能作弊的时候，他们大多会选择作弊。当参与者选择了这两种做法时，我们发现，我们付给耗竭条件下的参与者的钱比付给非耗竭条件下的参与者的钱要高 197%。

## 没有人能抵挡住所有诱惑

假设你在节食，每天只摄入蛋白质和蔬菜。晚上的时候你会去购物，走进超市时，你总会感觉有些饿。你能闻到面包房里飘出的香味，能看到货架上新鲜的菠萝。尽管很想吃，但你却不能吃。你推着车走到了肉食柜台，买了一些鸡肉。同时，你又看到了诱人的蟹肉饼，但蟹肉饼的碳水化合物含量太高了，所以你没买。你选了一些做沙拉的生菜和番茄，没有买油炸干酪蒜蓉面包丁。你走到收银台，付了钱，对自己和自己抵制诱惑的能力非常满意。然后，就在你走出商店路过汽车旁边的时候，附近有个校园糕饼义卖摊点，一个可爱的小女孩让你尝一块免费的布朗尼蛋糕。

既然对精神耗竭已经有了一定了解，你就能预感到此前拒绝诱惑的“壮举”可能带来的结果：你很可能会放弃所有的努力，吃掉这块蛋糕。当可口的巧克力融化在你的口中，唤醒你的味觉时，你就走不动了，想再吃点。所以，你买了足够一家 8 口人吃的布朗尼蛋糕，而在到家之前，你已经吃完了一半的蛋糕。

现在，想想购物过程中会发生的事吧。假设你需要一双新的休闲鞋。你从奈曼·马库斯百货走到希尔斯百货，途经很多你想要的商品，这些商品对你来说都是诱惑，但这些商品又都是你不需要的。你看到了你朝思暮想的烧烤架，看到了你想在下个冬天穿的人造毛大衣，还有新年前夕聚会时想戴的金项链。路过展示在橱窗里的诱人物品却不能买，这使你的购买冲动备受压抑，而这种冲动会逐渐瓦解你的意志力，因此当天晚些时候你就极有可能陷入诱惑的旋涡。

我们都是人，都易受到诱惑的影响，也因此受了不少罪。若这一天我们做了很多复杂的决策（多数决策都比说出“名不符实的颜色词”更复杂，给人的压力也更大），就会发现自己游走于冲动和理性之间。当我们需要做重要的决定时（健康、婚姻等），冲动和理性间的这种斗争就会变强。很讽刺的是，每天控制冲动的简单行为却削弱了自我控制的能力，因此我们更容易受到诱惑的影响。

既然已经了解了精神耗竭的影响，你该如何以最佳方式应对生活中的众多诱惑呢？我的朋友丹·西尔弗曼是密歇根大学的经济学家，他每天都会面对强烈的诱惑。对此，他给出了一条建议。

丹是我在普林斯顿高等研究院的同事。这个研究院非常好，在此工作的研究者也非常幸运，我们可以休假一年用以专心思考、到森林里散步，以及享受美食。每天上午，在对生命、科学、艺术及其原因思考过后，我们会享受一顿美味的午餐，比如鸭胸肉、玉米粥及滑嫩的蘑菇。每顿午餐都配有一份很棒的甜品，包括冰激凌、法式炖蛋、纽约芝士蛋糕和树莓奶油夹心的巧克力蛋糕等。对于有蛀牙的丹来说，这简直就是一种折磨，特别是他非常喜爱甜食。丹虽聪明、理性，但他的胆固醇指标让他不能吃甜品。他想吃甜品，但他也知道每天吃甜品自己的身体会负荷不了。

丹想了想自己的问题说道，当我们面对诱惑时，理性的人有时也应该屈从于诱惑。为什么呢？因为理性的人这样做就可以使自己的精神不至于有太多消耗，能对将来的诱惑保持足够的意志力。丹对未来的诱惑很小心，也很关注，在每日的甜品问题上，他总是保持及时行乐的态度。丹和埃姆雷·欧茨戴诺恩以及斯蒂芬·赛朗特一起撰写了一篇学术论文论述这个态度的合理性。

还有一点需要格外关注：关于自我耗竭的这些实验表明，我们几乎每天都在面对诱惑，而我们抵制诱惑的能力会随着时间的流逝或不断积累的抵抗力而减弱。如果对减肥态度坚决，我们就应该声明自己的立场，把冰箱里所有甜的、咸的、油腻的和加工过的食品都处理掉，还要适应新鲜果蔬的味道。之所以这样做，不仅因为我们知道炸鸡和蛋糕对身体不好，还因为我们知道整天（每次当我们打开橱柜或冰箱时）面对这些诱惑，会更难拒绝它们及其他更多的诱惑。

了解自我耗竭还意味着每天早上在没有耗损自己的精力时，我们就应该（力所能及地）面对需要自我控制的情况，如相当枯燥的工作任务。当然，自我控制并不容易做到。我们身边的商家（如酒吧、网上购物、脸书、视频网站和网络游戏等）之所以成功，就是因为人们易受诱惑，易被耗竭。

诚然，我们无法避免所有威胁自我控制力的诱惑，但真的一点希望也没有吗？这里有一条建议：当我们发觉很难逃避所受的诱惑，就应该想到最好的办法是在我们陷入更深的欲望之前及时脱身。按这条建议去做也许不容易，但现实是，杜绝诱惑总比持续地与“赶不走”的诱惑做斗争更加容易。如果做不到这点，我们可以试着凭借自身的能力抵制诱惑，也许可以试试从 1 数到 100、唱首歌，或制订出行动计划并按计划行动等方法。这些事情当中无论做哪件都能帮助我们找出战胜诱惑的独特方式，以便在将来能有更好的办法来遏制这些冲动。

最后，我应该指出：有时耗竭也是有利的。我们偶尔能感受到我们对自己太过苛刻，很多事都要有节制，绝不能意气用事。但也许有时我们不需要做个负责任的成年人，而需要放松一下。所以，有条建议送给你：下次如果你真的想搞清楚所有事情，尽情放纵自己的话，试着写一篇长长的、不含“a”和“n”的单词的自传来消耗自己的压力，然后去商场，尝试使用不同的商品，却什么都不买。此后，当精力耗竭让你忧虑时，为自己选择一个有诱惑力的行动目标，并让其自由推进，不加控制。但要记住，不要总是用这个方法。

如果你偶尔真的需要为自己屈从于诱惑寻找一个更有力的借口，就用丹·西尔弗曼的理性自我放纵理论吧。

The (Honest) Truth
About Dishonesty

# 第 6 章

# 穿冒牌货会让我们更不诚信吗？

让我给你讲一个我第一次接触时尚圈时发生的事吧。珍妮弗·威德曼·格林是我读研究生时交到的一个朋友，她在纽约定居后认识了一些时尚界的人。通过她，我还见到了在时尚界风向标《时尚芭莎》杂志工作的弗里达·法瓦·法拉。几个月后，弗里达邀请我到她工作的杂志社做个演讲。由于该领域对我来说很新鲜，所以我同意了。

在开始演讲前，弗里达请我去曼哈顿的一家咖啡馆喝拿铁咖啡，我们的餐桌设在露台上，能俯视到曼哈顿市中心大厦中的电动扶梯。她为我简要介绍了从我们身边经过的每位女士的着装，包括她们衣服的品牌及衣服和鞋反映出的生活方式。我觉得她对细节的关注很了不起，实际上她对时尚的整体分析都很了不起，就像是鸟类专家能说出不同种类的鸟之间的微小区别。

大约 30 分钟后，我站在了礼堂的舞台上，台下坐满了时尚界的专家。能在这么多穿戴亮丽的魅力女士面前做演讲，真是一种特殊的体验。每位女士都像是博物馆中的展览品：她们的珠宝、妆容，当然还有令人惊艳的鞋子。多亏了弗里达的介绍，我往台下看时能识别出几种品牌，甚至能看出每套服装的设计是受到什么时尚理念的启发而产生的。

我不知道为什么这些时尚界人士想让我去做演讲，也不清楚他们想从我这里听到一些什么，但我与他们配合得还算不错。我谈了人们是如何做决策的，在判断某物的价值时是如何对比价钱的，以及如何将自己与他人相比较等。我希望她们笑时，她们就会笑；她们还向我提出一些深刻的问题，并提出了很多有趣的想法。演讲结束后，《时尚芭莎》的瓦莱丽·莎伦贝尔上台拥抱了我，并向我致谢，还送给我一个时髦的普拉达新款黑色小旅行包。

告别后，我手拎着新款普拉达包离开了那里，赶往下一个会场。距下一个演讲开始还有一段时间，所以我决定散散步。散步时，我想起了这个黑色皮制包上面有个不小的普拉达商标。我自言自语道：提包的时候，我应不应该让有商标的那面朝外呢？如果那样的话，其他人就能看到并投来羡慕的目光了（或者他们会想，这个人穿的只是牛仔裤和红色运动鞋，怎么可能买得起名牌包呢）。或者，我把有商标的那面朝向自己？这样的话，就没人能看出这是普拉达包了？我决定按第二种方案来做，于是把包转了一个面。

尽管我确信把有商标的那面朝向自己，就不会有人认出这是普拉达包了，而且我也不认为自己是个关心时尚的人，但我还是感觉有些不对劲。我总是会想起包的品牌，我提的是普拉达包。而且我的感觉也不同了——我站得更直了，走起路来还有些趾高气扬。真不知道如果我穿的是法拉利内衣的话会发生什么。我会感觉精力更充沛吗，还是会感到更自信、更机敏，或动作更快呢？

我继续散步，慢慢地就走到唐人街，这里很热闹，有很多卖食物的小贩沿着运河街摆摊，街道充斥着各种味道。还有一些卖小商品的小贩。不远处，我看到了一对20多岁的漂亮夫妇在赏景。一位小贩走上前去，说道：“手提包，手提包。”这个人斜歪着头，示意自己的小摊位在那边。一开始，这对夫妇没有什么反应。过了一会儿后，女士问这位小贩:“你卖普拉达吗? ”

小贩点了点头。那位女士和她的丈夫商量了一下,丈夫向女士笑了笑，之后两人就跟着小贩走向了摊位。

当然，他们说的普拉达并非真的普拉达，摊位上摆出来标价 5 美元的“名牌”太阳镜也不是真的杜嘉班纳。而且，阿玛尼的香水怎么可能被摆在街边的小吃摊上呢? 这些都是假货。

## 外部信号与自我信号——从毛呢到阿玛尼

我们暂且来看看衣柜的历史，详细讨论一下社会学家所谓的外部信号，即通过衣着来表达自己的观点。古罗马的法律中有一系列规章制度被称为节约法令，这套法律历经数百年，对绝大多数欧洲国家的法律都有渗透。这套法律规定了很多事项，其中一项是关于人们的着装，即人们的着装必须符合其身份地位，且规定的内容很具体。例如，在文艺复兴时期的英国，只有贵族能穿戴毛皮、纺织品、蕾丝织物及珠宝等；绅士必须穿得朴素点。(穷人几乎被排除在法律之外，因为没必要把发霉的粗麻布、毛料织物和粗糙衣物写进法律。)

有些阶层的成员还被进一步划分，以避免和“尊贵的人”相混淆。例如，妓女衣服后面的帽子必须是条纹的，用以表明她们的“不纯洁”；异教徒有时必须穿上带补丁的衣服，上面还挂有小木棒，以此来表明他们可能，也应该被绑在火刑柱上烧死。从某种意义上来说，没有按要求穿上带条纹帽子衣服的妓女就是在伪装，就像那些戴着冒牌古驰太阳镜的人。妓女戴没有条纹的帽子，是有悖于她们的生活和经济地位的错误信号；“穿着高于其地位的服饰”对其周围的人也是一种无声但一目了然的谎言。尽管穿着高于其地位服饰的人不会被处以死刑，但违背了法律，常要被处以罚款或其他惩罚。

上流社会对于服饰近乎荒谬的执着，实际上是为了确保人们的服饰所发出的信号都是正确的。整个法律的制定都是为了避免无序和困惑。（这样制定法律显然在显示外部信号方面有优势，但我并不是说我们应该继续按照这套法律行事。）尽管现在的服装领域不像原来那样死板，但人们以信号的方式来表达成功和个性的愿望一直很强烈。现在，赶时髦的人穿的是阿玛尼而不是貂皮，就像弗里达说的，黄铜色豹纹坡跟鞋不是随便哪个人都能穿的。我们发出的信号对周围的人来说，无疑是具有告知性意义的。

现在，你可能认为买冒牌服装的人本质上不会伤害到时尚服装的制造商，因为他们中的许多人自始至终都不会买正品，而这也正是外部信号起作用的时候。毕竟，如果多数人用 10 美元就能买到冒牌的博柏利围巾的话，少数能买得起也想买正品的人就不会愿意多花 20 倍的价钱买正品了。如果看见某人穿着有博柏利格子图案的衣服或拎着有路易威登标志的包，我们马上就会怀疑这是假的。如此一来，买正品服装的信号价值在哪儿呢？这意味着买冒牌服装的人会降低外部信号的效能，并破坏正品（及穿戴正品的人）的真实性。这也是做时装生意和赶时髦的人这么抵制假货的原因。

在回想拎普拉达手提包的经历时，我还在思考：除外部信号外，是不是还有什么其他心理因素与冒牌服饰相关。我在唐人街上提着普拉达包闲逛时，看到有女士提着冒牌的普拉达包从商店里走出来。尽管我手里的包不是我选的，也没有花钱，但我感觉我和这个包之间的关系与那些女士和她们手里的包的关系很不一样。

我开始从更广泛的视角来思考服饰和行为间的关系，这个想法使我想到社会学的一个概念：自我信号。自我信号的一个基本概念是，不管如何思考，我们对自我的认识都不是很清楚。我们普遍认为自己对自己的爱好和性格更清楚，但事实上，我们对自己的认识并不准（肯定没有我们想的那么好）。相反的，我们看待自己的方式与我们看待并评判别人行为的方式是一样的，即从行为中认清自己并推断出自己的爱好。

例如，假设你看到街上有个乞丐。你既不想忽略他也不想给他钱，只想给他买个三明治。这种行为本身不能定义你这个人，你的道德或性格，但你把这种行为看作展示自己同情心和善心的证明。现在，有了对自己的这点“新”认识，你更相信自己的善心了。这是自我信号在起作用。

这条原则同样适用于时尚服饰界。即使没有人能认出这是正品，提着正品普拉达包也能让我们的思考和行为方式与提着冒牌包时有所不同。这引出了一个问题：穿戴冒牌服饰是否会使我们觉得有些不合理或不合法呢？穿戴冒牌货是否会以一种意想不到的或负面的方式影响到我们？

## “假”正品

我决定去拜访弗里达，并告诉她我近期对高级时装产生的兴趣。（对我的这个兴趣，我觉得她比我更惊讶。）在我们交谈时，弗里达同意让一位时装设计师借给我一些服饰，以便在实验中使用。几周后，我收到了一个包裹，里面有 20 个珂洛艾伊品牌的包和 20 副珂洛艾伊品牌的眼镜。包裹的便笺上写着这些包估计价值为 40 000 美元，眼镜为 7 000 美元。①

拿到这些名品后，弗朗西斯卡 · 吉诺、迈克 · 诺顿（哈佛大学教授）和我决定设计一个实验，测试穿戴冒牌服饰的人的感受与行为和穿戴正品的人是否有不同之处。如果我们的参与者感觉穿戴冒牌服饰是在向别人（甚至是向自己）展示一个不诚实的自己，那他们是否也会觉得自己是不诚实的呢？而且，想着自己不再诚实，他们是否还愿意继续不诚实下去？

我们的实验选用了珂洛艾伊的饰品，并请很多念工商管理学的女硕士来当实验参与者。（选择女性不是因为觉得她们与男性存在不同的道德表现，事实上，在之前的实验中，我们并没有发现男女间有任何因性别导致的不同，之所以选用女性是因为我们拿到的都是女性用品。）在最初的几次实验中，我们还在犹豫到底是先用眼镜还是先用包，后来我们意识到我们很难向参与者解释为什么让他们提着包在大楼里走动，所以决定用眼镜。

这次实验设定了 3 种条件：正品眼镜、冒牌眼镜和情况不明的条件。在实验之初，我们将参与者安排在其中一种条件下。在正品眼镜条件下，我们告诉参与者她们戴的是正品珂洛艾伊眼镜；在冒牌眼镜条件下，我们告诉参与者她们戴的眼镜是冒牌的，但其外观和正品珂洛艾伊眼镜无任何区别（实际上，我们用的所有眼镜都是正品）。在

① 邮寄包裹的消息很快就传到杜克大学，我因此也在时尚界广受欢迎。

情况不明的实验条件下，我们没有对眼镜品牌的真假情况进行说明。

在女士们戴好眼镜后，我们带着她们去了楼道，让她们在那里看各种海报，还让她们向窗外看。这样，她们之后才能评估这副眼镜的质量，并说出自己的体验。稍后，我们让参与者去另一个房间进行另一项任务。是什么任务呢？你肯定已经猜到了，就是让女士们戴着眼镜做矩阵任务。

现在，假设你是这项实验的一个参与者。走进实验室后，你被分到了实验条件为冒牌眼镜的小组中。实验人员告诉你，你戴的眼镜是冒牌的，并让你试用这副眼镜。你拿到了一副极似正品的眼镜（你能看到商标），把它拿在手里检查了一下，然后戴上。戴上眼镜后你就在楼道里走动，看了很多海报，并向窗外看。在这样做的时候，你的脑子里想的是什么呢？你会把这副眼镜和你车里的或某天被你打碎的眼镜相比较吗？你可能想说："太棒了，这副眼镜仿得太好了，没有人能看出这是假的。"也许你会觉得这副眼镜的重量不对，或者眼镜的塑料材质好像很不值钱。而且，如果你真的觉得你戴的是假货，那么在矩阵测试中你会多报自己做对的矩阵数吗？还是会少报，或者如实说？

下面是我们的实验结果。在此前的实验中，多数人都会多报几个自己答对题的数量。但在戴正品眼镜的情况下，"只有"30%的参与者多报了她们答对的题数，而在戴冒牌眼镜的情况下，有 74%的参与者多报了她们答对的题数。

这些发现引出了另一个有趣的问题：设定的冒牌条件是否会让这些女生更容易说谎？或者，正品的珂洛艾伊商标是否会让佩戴者比平时更诚实？换句话说，哪种自我信号更具影响力：是穿戴冒牌服饰时负面的自我信号，还是穿戴正品服饰时正面的自我信号？

这也正是为什么我们设定了对服饰品牌真假不知情的条件。在这一条件下，我们对这副眼镜品牌的真假只字未提。这一条件的设定意义何在呢？假设戴冒牌眼镜的参与者谎报的答对题数与不知情的一组一样，如果情况正是如此，我们就能得到这样的结论：冒牌的商标没有加重这些参与者本身的不诚实程度，而正品却让人变得更诚实了。此外，如果发现某位戴着正品珂洛艾伊眼镜的女士与不知情条件下的女士作弊水平相同（且比戴冒牌眼镜情况下的女士诚实得多），我们就能得出结论：正品商标没有使参与者比平常情况下更诚实，而冒牌的商标却使参与者比在平常情况下更不诚实。

你应该还记得正品条件下，有 30%的女士谎报了她们答对的题数；冒牌条件下概率是 73%；而在不知情的情况下，结果又如何呢？在最后一种情况下，有 42%的女士作弊了。在不知情的条件下，作弊的人数介于前两种情况之间，但更接近于戴正品眼镜的情况（事实上，不知情条件和戴正品的条件下作弊人数没有太大不同）。这些结果表明，穿戴正品服饰不会提升我们的诚实度（或者至少不会提高很多），但如果我们故意穿戴一件冒牌的服饰，道德上的束缚就会放松，我们也会变得更不诚实。

那道德何在呢？如果你的朋友或你的约会对象穿戴着冒牌服饰，你就要当心了，因为他们可能会比你想象中的更不诚实。

## “管他呢”效应与诚实的界限

现在，我们暂且停下来想想在你节食时会发生什么。开始节食时，你努力遵守节食的烦琐规则：早餐吃半个葡萄柚、一片杂粮面包和一个荷包蛋；午餐吃含有几片火鸡肉和用热量为零的调味酱拌的沙拉；晚餐吃烤鱼和蒸熟的西兰花。正如我们在第 5 章中设置的情景，你现在明显已经很饿了，有个人在你面前放了一块蛋糕。就在你屈从于眼前的诱惑而吃了第一口的时候，你的观点发生了转变，你对自己说:“管他呢，既然我已经违背了节食的规则，何不吃掉整块蛋糕呢?再来一个芝士比萨，要烤得香香的、上面撒满香肠的那种，要知道我可是馋了一周呢。明天再开始减肥吧，要么周一再开始。不过现在我可不想再坚持了。”换句话说，既然已经打破了节食的自我概念，你也就不再顾及节食规则，开始充分享受不用减肥的时光（当然，你不会想到明天、后天或者此后的某一天还会发生同样的事）。

为了更仔细地检测人们的这些小缺点，弗朗西斯卡、迈克和我想测试无法抗拒某件小事（例如，在减肥时抵制不了诱惑吃了一根炸薯条）是否会使人们放弃之前做出的所有努力。

现在，请假设你正戴着一副眼镜，不管这副眼镜是正品珂洛艾伊还是冒牌货，或者是真假未知的商品。接下来你坐在电脑前，前面方形的屏幕看上去被对角线分成了两个三角形。现在，测试开始了，某一秒中，20 个任意分布的小点出现在屏幕上（请看图 6–1）。然后，小点消失了，眼前呈现的是一个空白的屏幕，一条对角线，和两个回应键。这两个回应键上一个写着“右边更多”，另一个写着“左边更多”。你的任务是用这两个键来表明是对角线右边的点多，还是左边的点多。你需要进行 100 次这项任务，有时对角线右边明显有更多的点，有时这些点又明显聚集到左边，而其他时候则难以分辨。你觉得自己能熟练应对这项枯燥的任务，100 次的回应之后，实验人员也可以看出你做出这些判断的准确性。

接下来，你需要在电脑前反复完成200次同样的任务。只是这次你才会根据你的判断而获得报酬。关键细节是，不管你的回应是否精确，每次按左键你都会得到0.5美分，每次按右键都会得到5美分（是按左键所得的10倍）。

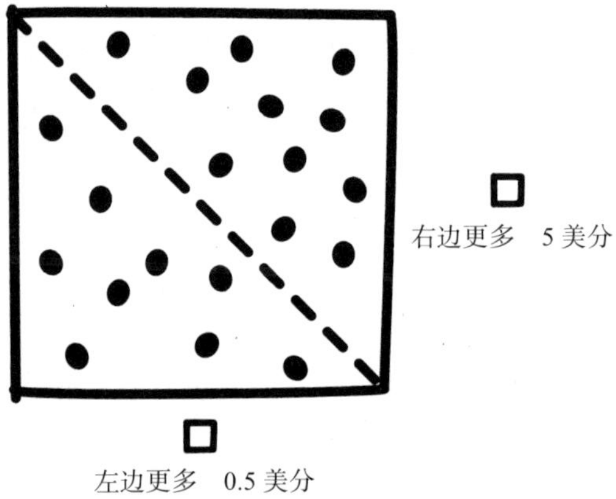


**图6–1　点数任务**

有了这个诱因机制，你时不时地就会面对一次基本的利益冲突。每次看到右边的点更多时，你不会有道德方面的歉疚，因为你给出的诚实答案（右边更多）和能获取更多报酬的答案是一致的。但当看到左边的点更多时，你必须决定是按照实际情况给出精确的诚实答案（左边更多），还是按右边的键以获取更多的报酬。通过设计这种扭曲的支付体系，我们为参与者提供了一个诱因，使他们以一种略微不同的方式看待事实，并且可以通过不断地按右键来作弊。换句话说，他们面对着给出正确答案和获取最大利益的两难选择。作弊还是不作弊，是一个值得思考的问题。而且不要忘了，你在完成这项任务时还戴着眼镜呢。

结果表明，点数任务的结果大致和矩阵任务的结果相同，即有很多人作弊，但作弊程度不高。有趣的是，我们还看到那些戴冒牌眼镜的人的作弊程度尤为严重。而且，戴冒牌眼镜的人整体上作弊程度较大，在左右两边的点数不确定以及左边（得到报酬少的那边）的点明显增多时，尤其如此。

这些就是全部的结果，但我们设立点数任务的初衷是，观察在能作弊的情况下作弊的行为是如何一步步地推进的。我们想知道参与者开始时是不是只是偶尔作弊，并且认为自己是诚实的，参与者只是从偶尔的作弊行为中获益。我们认为这种平稳的作弊行为可能会持续一段时间，但在某一点上，参与者可能会达到他们的“诚实界限”。而且一旦越过这个界限，他们就会想“管他呢，只要有作弊的机会，我们就要充分利用”。从那时开始，他们作弊的频率就会增加，甚至一有机会就会作弊。

这些实验表明的第一件事是，作弊的程度会随着实验的进行而加大。按照直觉我们看到，对于很多人来说，实验中有个急剧的转折点，过了这个转折点，参与者就会从轻微作弊转变成习惯性作弊。我们可以从“管他呢”效应中推出这种行为的一般模式，这一模式在穿戴正品和冒牌货的情况下同样存在。但是，戴冒牌眼镜的人更容易摒弃其道德束缚，更爱去骗人。[①]

依据“管他呢”效应，我们发现，谈到作弊，我们的行为就和节食时的做法差不多。我们一旦开始违背自己的原则（如节食时作弊，

---

① 你也许会想，接受冒牌商品和为自己选择冒牌商品是否有同样的效果。我们也想到了这一点，并在某个实验中对其进行了测试。结果表明，无论得到的冒牌商品是否是自己选择的，都无关紧要；只要有冒牌商品，我们就更容易欺骗他人。

或受到金钱的诱惑），就更不可能控制自己的行为，而且此时我们更容易屈从于诱惑，表现得更不端。

如此看来，人（或女性）的确要靠衣装，而且穿戴冒牌货也确实对决策的道德性有影响。很多社会科学研究结果也表明运用这种信息的方法很多，既有积极的也有消极的。消极的方面是，人们能想象到各种机构是如何运用这条原则来使雇员的道德感松懈，以便他们能够轻松地“以欺骗手段欺骗”他们的顾客、供应商、监管者和对手，而且，这样做还能通过牺牲其他各方的利益提升公司的赢利。积极的方面是，了解灾难是如何形成的，能引导我们在违反原则前提升注意力，并帮助我们做到亡羊补牢。

## 更糟糕的后果

完成了这些实验后，弗朗西斯卡、迈克和我有证据证明穿戴冒牌服饰能改变我们看待自己的方式，而且一旦意识到自己是骗子，我们就开始变得更不诚实了。这给我们提出了另一个问题：如果穿戴冒牌服饰能改变我们看待自身行为的方式，这是否也会让我们对他人更不信任？

为了找到答案，我们让一组参与者戴上珂洛艾伊牌眼镜，并告诉其中一部分人她们戴的是正品，而告诉另一部分人她们戴的是冒牌货。她们仍是在楼道里走动，看些海报和窗外的风景。然而，把她们叫回实验室后，我们并没有让她们进行矩阵任务或点数任务，而是让她们戴着眼镜填一张篇幅很长的调查问卷。在这次调查中，我们问了一些故意掩盖研究真正目的的不相关问题（无关紧要的问题）。我们在这些无关紧要的问题中嵌入了三套调查问卷，问卷中问题的设计意在检测实验参与者如何解释并评估别人的道德感。

A 套问卷中的问题让参与者评估她们认识的人中参加各种不道德活动的可能性。B 套问卷中的问题是让她们评估人们使用某些特定说法时说谎的可能性。最后，C 套问卷中的问题为参与者设定了两种情景，两种情景下做题者都有作弊的机会，而参与者的任务是评估做题者作弊的可能性。以下是这 3 套问题：

问卷 A：你熟知的人有多大的可能性会做出下列行为？

- 购买很多商品，却使用超市里针对少量购物者设置的快速收银通道。
- 在叫到他们的组号[①]前登机。
- 谎报公费。
- 还没有做出什么成绩就到上司那里邀功。
- 从工作单位往家里拿办公用品。
- 向保险公司谎报受损物品的价值。
- 买件衣服，穿过之后又退回去。
- 向爱人谎报自己曾有过的性伴侣数量。

问卷 B：下面这些话是谎言的可能性有多大？

- 对不起我迟到了，堵车堵得厉害。

① 乘飞机时将乘客分成组：先登机组、后登机组和最后登机组。在叫到自己所在的组号时，乘客就可按秩序登机。——译者注

- 我的平均分数是 4.0。
- 见到你很高兴，有时间咱们一起吃午饭吧。
- 没问题，我今天晚上就开始工作。
- 对，约翰昨晚是和我在一起。
- 我已经发了那封邮件了，我确定。

问卷 C：人们做下列事情的可能性有多大？

- 斯蒂芬是一家公司的业务经理，该公司主要生产在草坪和花园里使用的杀虫剂和肥料。用于生产杀虫剂的某种有毒的化学药品一年内将被禁用，而当前这种药品卖得很便宜。如果斯蒂芬买下这种药品，再很快地加工成杀虫剂并销售的话，他能赚到很多钱。请评估斯蒂芬能在这种药品不被禁用前将其买下的可能性有多大。
- 代尔是一家保健食品公司的业务经理。该公司生产的一种有机水果饮料每 100 毫升含有 109 卡路里的热量。代尔知道人们对超过 100 卡路里热量的食物非常敏感，因此他将每 100 毫升的卡路里含量降低了 10%，饮料瓶的商标上也会写上每 100 毫升含有 98 卡路里，每瓶含量为 220 毫升。现请评估代尔将每 100 毫升饮料中的卡路里含量标记为 100 以下的可能性有多大。

结果是什么呢？你可能猜到了。在穿戴冒牌服饰的条件下，参与者在思考（问卷A）自己认识的人的行为时评估结果如下：其认识的人发生不诚实行为的程度比穿戴正品情况下的参与者评判的程度更高。参与者还估测到,（问卷B）大家常说的借口很可能是谎话;（而问卷C）在两种情况下，当事人那样做的可能性都不大。最后，我们得出结论：冒牌商品不仅使我们变得更不诚实，还会让我们更加低估他人的诚实度。

## 伪装直至成功?

我们又如何看待这些结果呢?

首先，我们来看看多年来致力于与假货做斗争的时装公司。我们也许很难同情这些公司的境遇。你可能会想，除了与公司有直接往来的人，没有人会真正在意这些专为迎合富人品位而设计服装的高级设计师的“敌人”。很想买一个冒牌的普拉达包时，你可能会自语道，“设计师设计的服饰太贵了，花一大笔钱买正品是愚蠢的行为”；“正品也好，冒牌也好，我都不会考虑购买，因此设计者并没有什么损失”。你还可能会说，“那些时装公司已经赚这么多钱了，即使有几个人买冒牌货对他们而言也没什么大不了的”。不论怎样，我们都能为自己自私的行为找到合理的借口，我们发现极少有人认为时装公司的恐慌其实是一个严肃的个人问题。

但实验结果表明，这其中有更深层的原因。为冒牌货付出代价的不只是那些高级时装公司，由于自我信号和“管他呢”效应，只要一个不诚实的举动就能改变一个人此后的行为，令其付出代价。此外，如果某个不诚实行为来自内心的暗示（如一侧贴有大的古驰商标的冒牌眼镜），其负面影响就是长久的、重大的。这也就意味着，我们都要为冒牌商品付出道德上的代价，“穿戴冒牌货”改变了我们的行为、自身形象和我们看待周围人的方式。①

我们来看一个实例吧，世界上有很多的经理办公室，墙上都挂着学位证书，这些证书让他们的个人履历更加好看。几年前，《华尔街日报》发表了一篇关于经理虚报自己学位证书的文章，文章直指一些高层人物，如当时美国百事有限公司董事长兼首席运营官肯尼斯·凯瑟。尽管凯瑟曾在密歇根州立大学上过学，但他从未毕业；不过他仍签字声明他有密歇根州立大学的文学学士学位（当然，这也可能只是个误会）。

或者再来看看玛丽莉·琼斯的例子。她和别人合著了一本广受欢迎的书《越小压力，越多成功：引导你的孩子升入大学的新途径》，在书中，除了探讨其他问题，她还呼吁要想在大学录取时、找工作时更顺利，我们就要“展现自我”。她是麻省理工学院招生办公室最受欢迎的主任，25 年来，人人都说她的工作做得好。只有一个问题：她当初为了得到这份工作，在履历表中伪造了几个学位。这种赤裸裸的作弊行为使她丢尽脸面，伪造学位信息的事萦绕在她心上，她为没有“勇气”在其任职期间承认“假履历”的“错误”道歉。当深受欢迎的口号“展现自我”被假证书一事抹黑时，我们对此事做何感想呢？

---

① 你也许想知道人们是否意识到冒牌货对其有后续影响。我们对此也做了实验，并发现人们并没有意识到这些影响。

如果在“管他呢”效应的情景下思考这种欺骗行为，这种学位证书的造假通常很可能并非蓄意而为（人们甚至会“干一行，爱一行”），但一旦做出这种行为，其道德感就会变得更松懈，也更有可能在别的地方欺骗他人。例如，如果某位拿着伪造毕业证书的经理在信头、明信片、履历表和网站上常放上自己伪造的毕业证书，也不难想象他会在上报公费和工作时长，或动用公款时作弊。由于“管他呢”效应，最初的一个作弊行为可能使经理自我信号表达的不诚实性整体提高，会增加其经验系数，而这种状况也将造成更大的欺骗。

至少，我们不应该将某个不诚实行为看作一件小事。别人第一次犯错时，我们往往会原谅他们，因为这是他们第一次犯错，而且人人都会犯错。尽管这么说也没错，但我们也应该意识到：第一次的不诚实行为会在很大程度上影响某人对自身的看法及此后的行为。也正是因为这点，预防第一次的不诚实行为非常重要。这就解释了为什么减少无伤大雅的不诚实行为的次数很重要。如果我们确实减少了欺骗次数，整个社会会变得更诚实、更和谐，腐败现象也会更少（对此第 8 章中有更详细的讲解）。

## 非法下载的电子书

最后，如果不提到非法下载，对于冒牌货的讨论就不算完整。（想象戴冒牌眼镜的实验，不过这次是非法下载的音乐或电影。）现在，我想和你们分享一个故事，从这个故事中我了解到关于非法下载的一些趣事。在这个故事中，我是个受害者。就在《怪诞行为学》这本书出版几个月后，我收到了下面这封电子邮件：

尊敬的艾瑞里先生：

今天早上，我刚听了你著作的有声版，是通过非法手段下载的，我想告诉你我非常欣赏你的这本书。

我今年30岁，男性，非洲裔，来自芝加哥市破败的贫民区。在过去的5年里，我以非法贩卖光盘为生。我的家人不是进监狱，就是无家可归。从我们家的情况就能看出美国社会很乱，而我正是这样一个家庭唯一没入狱的幸存者，但我也触犯了法律，我深知在监狱里与家人团聚是迟早的事。

不久前，我找到一份朝九晚五的工作。一想到我也能过上体面的生活，我就很兴奋，但开始工作后不久，我就辞职了，又继续干回违法的生意。这是因为放弃我一手操办起来并做了5年的生意让我很痛心。我对这份生意有种拥有感，而且别的工作都无法带给我同样的感觉。此外，我对你在拥有感方面的研究很有兴趣。

让我重操旧业的，还有一个同样重要的原因。我工作的那家零售店做的是合法生意，店里人总是说要对顾客忠诚，要关爱顾客，但我并不认为他们真的明白这其中的含义。在非法行业中，忠诚和关爱比我在合法的工作中体会到的都更重要、更强烈。这些年来，我建立起一个约有100个人的人际网，他们都很友好地从我这里买光碟。我们成了真正的朋友，联系密切，并互相关心。同顾客的这些联系和友谊使我很难放弃我的生意，也很难割舍与他们的友谊。

我很庆幸我听了你的著作。

以利亚

接到以利亚的邮件后，我在互联网上搜索了一下，发现有几个网站可以下载我那本书的有声版及影印版（我不得不承认这些影印版的质量很高，前后封面、致谢和参考书目都有，连版权声明页也有，这点让我很欣慰）。

无论你对“信息自由”这一意识形态持何种态度，看到自己的劳动成果未经同意就被他人免费分享时，会让你觉得非法下载这件事有些人身攻击的意味，而且并不那么抽象，感觉更复杂了。一方面，我很高兴人们都在读我的研究成果，我也希望大家能从中受益，当然，受益越多越好，这也是我进行研究的初衷。另一方面，我也理解那些作品遭到非法复制和贩卖的作者的恼怒情况。幸好我有一份全职工作，但我知道，如果靠写作为生的话，我不会认为非法下载是出于对知识的好奇，并很难接受这种行为。

至于以利亚，我认为我们之间进行了一次公平交易。当然，他非法复制了我的有声书（并从其中获取钱财），但我也学到了在非法行业中对顾客持有忠诚和关爱态度的有趣事实，而这点也可能是我将来研究的课题。

了解了这点后，我们该如何防止自身道德的败坏呢？如何抑制“管他呢”效应呢？如何防止一次违法行为对我们道德造成的长期的负面影响呢？无论是时尚行业还是其他行业，我们都应该认识到一次不道德的行为会引发另一次更不道德的行为，而且在某一方面做出的不道德行为也能影响到我们在其他方面的道德感。正因如此，我们应该看出不诚实行为的端倪，并在其发展前，将其扼杀于萌芽阶段。

那个开启这个研究计划的普拉达包哪儿去了？我把它送给了我的妈妈，这是唯一一个较理性的解决方法。

The (Honest) Truth
About Dishonesty

# 第 7 章

# 陷入自我欺骗

想象你在一片柔软的沙滩上散步。潮起潮落，海浪留下一大片湿润的细沙供你漫步。你正朝着自己常看美女的地方走去。哦，假设你是一只争强好胜的青蟹，实际上，此行你要和另外几只雄蟹比试一下，看谁会赢得雌蟹的欢心。

你看到前方有一只漂亮的雌蟹，它的蟹钳长得十分可爱。同时，你还注意到你的情敌们也在迅速地向它靠近。你知道处理这种情况的最佳办法是吓走其他螃蟹。那样的话，你就不用打架，也不用冒伤害自己或失去交配机会的风险。所以，你必须得向其他螃蟹证明，你比它们更为强壮。在慢慢靠近情敌时，你意识到需要彰显一下自己的体型。但如果只是踮着脚，随意地摇晃蟹钳来假装自己很强壮的话，很可能会露馅。那你该怎么做呢?

你该做的就是给自己打气，然后开始相信你确实很强壮。“知道”自己是这个沙滩上体型最大的螃蟹后，你尽量站高，蟹钳也尽可能地向外伸展（展示鹿角、孔雀开屏，以及自吹自擂，都可以帮助雄性动物吸引异性的关注）。信任你自己的伪装，意味着你不会畏缩，你（被夸大）的自信心可能会威慑到你的敌人。

现在，再来说说我们人类。作为人类，我们展示自己的方式比动物稍微复杂一些。我们有撒谎的能力，而且不仅能对别人撒谎，还能对自己撒谎。自我欺骗是使我们相信自己所说的话的一种有效策略。如果成功地欺骗了自己，我们很少会畏缩，有时还真的可能成为自己佯装的那样。我不认为欺骗可以作为我们寻找伙伴、工作或追求其他事物的方法，但在本章里，我们将要探究人们如何能在欺骗别人的同时，成功地欺骗自己。

我们当然不可能马上就相信自己撒的谎。例如，假设你是速配相亲会中的一位男士，正试着打动一位迷人的女士的芳心。突然，一个疯狂的想法闪进了你的脑海：你告诉这位女士你有飞行员执照。即使她相信了你的话，你也不太可能相信自己确实有飞行员执照，也不会在下次搭机时跑去建议飞行员应该怎样提高他们的着陆技术。再举个例子，假设你和朋友出去跑步，你们谈到了跑步的最佳成绩。你对他说你跑 1 英里[①]用不了 7 分钟，但实际上你的成绩却稍微超过 7 分钟。几天以后，你对别人说了同样的话。在一遍又一遍地重复这个稍被夸大的跑步成绩之后，你最终会忘记自己实际上从未真正实现这一成绩，而对这个谎称的成绩深信不疑，甚至愿意用钱来打赌。

我也曾相信过自己的谎言。1989 年夏，在我离开那家医院的两年后，我和我的朋友肯决定从纽约飞往伦敦去看另一位朋友。我们买了最便宜的机票，恰好是印度航空公司的航班。当出租车把我们送到机场后，我们沮丧地发现等候的队伍已经排出了候机楼。肯灵机一动，说：“为什么不把你放在轮椅上呢？”我考虑了一下他的建议：如果这

① 1 英里≈ 1.609 公里。——编者注

样做，不仅我自己会感到更舒服，我们也能以最快的速度检票。（老实说，因为我腿部的血液循环不好，我很难坚持站很长的时间，但我还不至于要坐轮椅。）

我们都认为这是一个好主意，所以肯跳下了出租车，不一会儿就推回了轮椅。我们轻易地拿到登机牌，并在剩余的两个小时里享用了一些咖啡和三明治。这期间我想上洗手间，于是，肯推着轮椅，把我送到了距离最近的洗手间。但不幸的是，这个洗手间不是残疾人专用的。尽管如此，我还是继续装成残疾人。我坐在轮椅上，并使轮椅尽可能地靠近便池，像残疾人那样上了厕所，但不怎么成功。

上完洗手间，我们也该登机了。我们的座位在第 30 排，进入飞机之后，我意识到轮椅比过道宽出许多。但我的行为应该符合我现在的身份，所以我在飞机入口处离开轮椅，抓住肯的肩膀，由他扶着到了座位上。

飞机起飞后，我发现飞机里也没有残疾人专用的洗手间，而航空公司也没有为我提供窄一点的轮椅，这令我十分懊恼。当我意识到因为自己不能像正常人那样使用洗手间，因此在这 6 个小时的飞行中不能喝任何饮料时，就更加恼怒了。飞机在伦敦降落后，又出现了新的问题。肯必须再次帮我移动到飞机入口，而飞机入口是没有轮椅的，我们必须等人把轮椅送过来。

这次体验使我充分理解残疾人每天的恼怒从何而来。我那天非常生气，决定去找印度航空公司伦敦总部的领导理论。坐上轮椅后，肯将我推到印度航空公司的办公室。我用非常愤怒的口气描述了我遭遇的每一个困难和羞辱，并指责印度航空公司的地区经理，因为公司在各个环节的设计上都没有为残疾人考虑。经理自然是不停地道歉，之后肯便推着我走了。

这件事最为奇怪的一点是，在整个过程中，我明知道自己能走路，却快速且彻底地融入了新的角色，我感觉自己真的就是一名残疾人，有充分的理由心烦。之后，我们去行李领取处取走背包，像电影《非常嫌疑犯》中的恺撒·苏尔那样轻松自如地走了。

为了更加认真地研究自我欺骗，佐伊·强思（耶鲁大学博士后）、迈克·诺顿、弗朗西斯卡·吉诺和我开始研究人类如何以及何时会相信自己的谎言，有没有什么方法防止人们这样做。

在实验的第一阶段，参与者会回答 8 个类似智商测试的问题。（例如，其中一个问题是，以下哪个数是 400 的 1/10 的 1/4 的 1/2？）完成测试题后，控制组的参与者将其答案交给了实验人员，实验人员会检查他们的答案。如此一来，我们就能得到参与者在测试中的平均表现。①

在有机会作弊的条件下，参与者的答卷下方有相关问题的答案。实验人员会告诉参与者，下面的答案是用来算分的，也能让他们大致估计自己回答类似问题的准确率。不过，参与者要先回答问题，再核对答案。回答完所有问题后，参与者核对自己的答案，然后汇报自己的做题情况。

实验第一阶段的结果表明了什么呢？如我们预期的那样，有机会“核对答案”的小组，其得分比正常情况下的平均分高出了几分，这也表明，他们不仅用答案计算了自己的得分，还通过答案提高了自己的表现。其他的实验结果也是这样，即人们在有机会欺骗的时候，就会去欺骗，但欺骗的程度不会太大。

---

① 我们用了这种类似于美国学术能力评估考试（SAT）的问题代替了标准矩阵实验，因为我们觉得这样的问题能使参与者产生一种“我就知道”的自欺感。

## 我们会本能地高估自己的能力与智商

这个实验方案的灵感来自飞机座椅背后口袋中的一本赠阅杂志。在某次飞行中，我翻阅杂志时，发现了一套门萨测试题（用来测试智商的题目）。由于我比较好胜，便想要一试身手。试题要求中提到，测试的答案就在题目的背面。回答完第一个问题后，我就翻到了后面看我的回答是否正确。你瞧！我答对了。当我继续做题时，我注意到自己还是会做一道题核对一次答案，而我的眼睛也会不自觉地扫到下一道题的答案。由于瞥到了答案，我发现下一题变得更容易了。最后，我回答出了大多数的问题，这使我相信自己是一个天才。但我也开始思考，我的得分那么高到底是因为我特别聪明，还是因为我不经意间瞥到了答案（当然，我这样做的潜在原因就是想提高自己的智商测试成绩）。

当答案写在另一页中或者倒着印刷时（许多杂志和学术能力评估考试指南通常会这么做），基本情况都会如此。在备考阶段做练习题时，我们总会使用答案来使自己相信我们是聪明的，如果答错了，我们就会说服自己确信真正考试时我们绝不会犯这么糊涂的错误。无论采用哪种方式，我们对自己的聪明程度总是持乐观态度，且我们也乐意接受这种做法。

实验第一阶段的结果表明，参与者倾向于通过先看答案来提高答题成绩。但这个结果并不能说明他们采用的是明显而老套的欺骗方式还是自我欺骗的方式。换句话说，我们仍然不清楚参与者到底是知道自己正在作弊，还是一直在说服自己他们自始至终都知道正确答案。为了弄明白这一点，我们在下一个实验中增加了另一个元素。

假设你参加了与上一个实验相类似的实验。你做完了含有 8 道题的测试，并正确回答了 4 道题（正确率达 50%），但因为看到了答卷下方的答案，你称自己解决了 6 道题（正确率达 75%）。现在，你认为你的正确率是在 50%的范围内，还是在 75%的范围内？一方面，你可能觉得自己是看了答案才得了高分，所以你实际的正确率应更接近 50%。另一方面，你得到了解决 6 个问题应得的报酬，所以你可能会相信自己解决类似问题的正确率更接近于 75%。

此时，我们进入实验的第二阶段。完成数学测试后，实验人员会请你预测自己在下一个测试中的表现。在下一个测试中，你将要回答与上一个测试性质相同的 100 个问题。这一次，答卷的下方没有答案（因此，没有参照答案的机会）。你觉得这次你的成绩会如何呢？是根据自己在第一阶段的实际正确率（50%），还是根据被你夸大后的正确率（75%）来预测呢？在这个问题上，存在一个逻辑：如果你觉得自己在之前的测试中看了答案，成绩不能反映自己的真实水平，你预测自己的正确率就会与本次实验没有答案供你参照的情况下的正确率相同（8 道题中有 4 道回答正确，或正确率为 50%）。但假设你相信自己真的答对了 6 道题，且这 6 道题是由你独立完成的，而不是因为偷看了答案，你可能就会预测自己在下次测试中有可能正确解答更多题目（接近 75%的正确率）。当然，事实上，你只能正确解答大约一半的题目，但自我欺骗会使你的自我感觉良好，就像前文提到的螃蟹，你对自身能力的信心会增加。

结果表明，参与者经常会自我感觉良好。他们对自己在第二阶段测试成绩的预测说明，参与者不仅在第一阶段偷看了答案，并因此得了高分，还很快就确信自己能得这么高的分。在第一阶段有机会作弊的人基本上都会开始相信，高分真实地反映了他们答题的正确率。

但如果我们根据参与者对第二阶段得分预测的正确率提供报酬，又会发生什么呢？在第一阶段，参与者利用参考答案来提高分数是一个不争的事实。但如果有了钱的驱使，我们的参与者也许就不会如此绝对地忽视这个事实了。为了验证这个猜想，我们重新找了一组参与者，重复了相同的实验，这次，如果他们能正确预测自己在第二个测试中的成绩，他们将得到 20 美元的最高报酬。但是，即使有了金钱的诱惑，他们仍然倾向于将高分归功于自己，并高估自己的能力。尽管他们有着力求准确的强烈动机，自我欺骗还是占了上风。

### 后见之明

我就我研究的内容针对不同的人群（从学术型到工业型）进行了很多次的演讲。演讲开始时，我通常会先对某项实验、该实验的结果，以及我们能从中学到什么进行描述。但我经常发现有些人对于实验结果并不感到惊讶，还总是说他们早就预料到了。对此我很困惑，因为作为这些实验的发起者，我自己都常会惊讶于实验结果。我想知道，难道这些听众真的具有如此敏锐的洞察力吗？他们怎么可能比我还早知道实验结果？或者这只是一种出于直觉的后见之明？

最终，我想到一个方法来反驳这种“我一直都知道”的感觉。我开始请听众预测实验的结果。在描述完实验设计、测量内容之后，我给了他们几秒钟的时间思考。然后，我会让他们对实验结果进行投票，或写下他们的预测。只有在他们说出或写下自己的预测之后，我才会揭晓结果。好消息是，这种方法很有效。运用这种“先提问”的方法，我很少听到“我一直都知道”的回应。

人们都有一种自然倾向，即说服自己相信自己一直都知道正确答案，为了让人们都知道自己常有这种反应，我将自己在杜克大学的研究中心命名为“后见之明中心”。

## 我们总喜欢夸大自己取得的成就并信以为真

20 世纪 90 年代初期，备受赞誉的电影导演斯坦利·库布里克从助理那儿听说有人假冒他。冒充斯坦利·库布里克的这个人（真名叫作艾伦·康威,与留着黑胡须的导演斯坦利长得一点儿都不像）在伦敦四处活动，告诉大家他就是（其实不是）著名的斯坦利。因为真正的斯坦利·库布里克很注重隐私，总是躲着娱乐记者，所以很少有人知道他的长相。因此，当一些容易上当的人知道能够“认识”这位著名导演时都非常兴奋，结果上当受骗。负责资助和推广斯坦利电影的华纳兄弟电影公司几乎每天都要打电话到库布里克的办公室，询问“斯坦利”为什么没有与他们合作。毕竟，他们为他提供了饮料和晚餐，还为他付了出租车钱，而他也承诺会在下一部电影中为他们分配角色。

一天，弗兰克·里克（曾任《泰晤士报》的剧评家和专栏作家）与他的妻子和另外一对夫妻在伦敦一家餐馆用餐。碰巧的是，假冒库布里克的那个人就坐在他们旁边，他正在向一位有爵位的议员和几位年轻人夸耀他的电影。当这个骗子看到里克就坐在他的邻桌时，他走到里克面前，告诉这个剧评家他正准备控告《泰晤士报》，因为《泰晤士报》称他正处于“创作低谷期”。能碰到深居简出的库布里克，里克感到很兴奋，想对他进行一次采访。康威让里克给他打电话，并给了他家里的电话号码，然后……消失了。

这次碰面之后不久，里克和其他人就知道自己被骗了。最后康威把一切都告诉记者时，终于真相大白。康威声称自己是处于恢复期的精神病患者（他说，“这很不可思议。库布里克左右了我的身心。我真的相信我就是他！”）。康威去世时是个穷困潦倒的酒鬼，恰好比库布里克早去世 4 个月。①

尽管这件事十分极端，但康威在伪装时很可能深信自己就是库布里克，这也引出了一个问题：我们是否比其他人更容易相信自己的谎言。为了研究这个问题的可能性，我们设计了一项实验，其根本目的就是研究自我欺骗，但这次我们还测试了参与者对自己的失误视而不见的普遍倾向。为了测试这种倾向，我们问参与者是否认同几个陈述，例如“我对人的第一印象通常是正确的”和“我从不掩饰自己的错误”，我们想知道，在大多数的问题中都答“是”的人，在我们的实验中是否有自我欺骗的倾向。

---

① 这件事被库布里克的助手安东尼·弗莱文详细地记录了下来，并刊登在了《停止微笑》杂志上。电影《请叫我库布里克》就是根据这件事改编的，约翰·马尔科维奇在影片中饰演了康威。

与先前的实验一样，我们发觉这些有参照答案的参与者的欺骗性最高，也因而得到较高的分。他们预测自己在下一次测试中的答题正确率也偏高。由于夸大了成绩又高估了自己的能力，他们还会损失一些钱。那么那些对大多数陈述性问题都回答“是”的人，情况又如何呢？很多人都选择了肯定答案，而预测自己在下一次实验中会发挥最高水平的也正是这些人。

### 最后的内战老兵？

1959 年，美国“最后的内战老兵”沃尔特·威廉辞世。他的葬礼非常隆重，有好几万人观看了仪式，还有为期一周的哀悼。然而，许多年以后，一位名为威廉·玛沃尔的记者发现，内战开始之时，威廉只有 5 岁大，这也意味着在内战期间他绝不可能符合参军的年龄。这还不止，沃尔特·威廉去世时接受的错误头衔是由一个名叫约翰·赛琳的人转授给他的。但玛沃尔发现，这个人称自己是“最老的内战士兵”也不是真的。事实上，最后一批所谓的“最老的内战士兵”都是假的。

这样的故事不胜枚举，甚至在近代发生的战争中（人们普遍认为在近代战争中编造这种谎话更难），情况也是如此。有这样一个例子：士兵托马斯·拉雷兹在阿富汗对战塔利班时因为转移一名受伤的战士而中了几枪。拉雷兹不仅救了战友的生命，还不顾伤势杀死了 7 名塔利班武装分子。达拉斯新闻频道报道了拉雷兹的功绩，但后来又撤回了这条新闻。因为，虽然拉雷兹确实是一名士兵，但他从未到过阿富汗，整个故事实际上只是一个谎言。

记者经常揭露这种错误的言论。但有时，他们正是制造谎言的人。资深记者丹·拉瑟，声泪俱下地描述了自己在海军陆战队工作的情形，而实际上他从没在那儿接受过基础训练。显然，他欺骗自己相信他的确参与到这件事中。

人们夸大自己在军队服役的记录，可能有很多原因。但人们频繁地伪造简历、学历以及个人经历的这种现象，就引出了一个有趣的问题：我们在公共场合说的谎言是否可能成为一种成就标志，而这种标志会“提醒”我们注意伪造的成就，帮助我们将这些虚构的事实融入现实？所以，如果战利品、绶带或是证书能代表我们从未取得过的成就，那么这些成就标志会使我们认同对自身能力的错误认知吗？我们取得的某种成就证书能提高我们的自我欺骗能力吗？

在为你讲述关于这些问题的实验结果之前，我应该说明一点，我自豪地在办公室的墙上挂了两个证书。一个是“麻省理工学院礼仪学本科证书”，另一个是“麻省理工学院礼仪学博士证书”。麻省理工学院会在又冷又令人痛苦的一月开设礼仪学校，而我这两个证书都是由礼仪学校授予的。为了达到课程要求，我必须上很多课，如交际舞、诗歌、打领带以及一些令人振奋的动作技巧课。实际上，我将证书挂在办公室的时间越久就越相信自己很有魅力。

我们通过让参与者在第一次数学测试中有作弊的机会，来验证证书的影响。在参与者夸大了自己的表现之后，我们为其中一些人颁发了证书来表彰他们在测试中的（假的）优异表现。我们甚至还在证书上写上了他们的名字和分数，并印在了一张看上去既漂亮又正式的纸上。而其他参与者就不能得到这张证书。成就标志会使参与者对其夸大的表现信心大增吗？毕竟，他们表现好的一部分原因是参考了标准答案。另外，证书会使他们相信自己的分数的确是他们能力的真实写照吗？

事实证明，我并不是唯一一个受证书影响的人。与没有证书的参与者相比，得到证书的参与者在第二次测试中预测自己答对的题数更多。看起来拥有一个“干得不错”的成就标志会使人认为他们的成就都是自己取得的，而实际做得如何则无关紧要。

19 世纪的作家简 · 奥斯汀为我们提供了一个很好的例证，说明了我们自身的利益以及周围人的鼓吹可能使我们真正相信自私是宽容与大方的标志。在《理智与情感》中，有这样一个情节：约翰是家里唯一的儿子，因此他也是财产的合法继承人。他曾向自己的父亲许下诺言，在父亲临终之前，约翰向父亲保证他一定会照顾他善良却贫穷的继母和继母的 3 个女儿。约翰自愿给继母和她的女儿们 3 000 英镑，这对于他继承的财产来说只是九牛一毛，但已经足以让她们过得很好了。他和蔼地解释道：“我可以毫不费劲地省出这么一笔钱。”

尽管约翰很满意这个想法，也觉得给出这样一笔钱并不困难，但他聪明而自私的妻子却轻而易举地劝服了他，说他给自己继母的任何一点儿钱都将使他及其妻儿“穷得叮当响”。就像童话故事里邪恶的女巫一样，约翰的妻子争辩道，父亲一定已经头脑不清了。毕竟让约翰做出承诺的时候，约翰的父亲已经快去世了。之后，妻子喋喋不休地抱怨约翰的继母有多么自私。约翰的妻子认为，继母和她的女儿们凭什么得到财产呢？为什么约翰要将从父亲那里继承的财产浪费在他贪婪的继母和她的女儿们身上呢？约翰被劝服了，他总结道："如果不是太不合礼数，的确没有任何必要为这个寡妇和她的 3 个女儿做得太多……"于是，良心做出了让步，贪婪被合理化，财产也没有损失。

## 体坛中的自欺欺人

所有运动员都明白使用兴奋剂不仅违规，还会给他们的声誉及这项运动抹黑。但是，想要创造新的纪录、吸引媒体关注和博得观众喜爱的意愿，促使许多运动员以服食兴奋剂的方式作弊。这个问题很普遍，在各项运动中都存在。在 2006 年的环法自行车赛上，弗洛伊德·兰迪斯就因服食兴奋剂被取消冠军资格。加拿大滑铁卢大学的足球队在 8 名队员被检测出类固醇呈阳性后，整个球队被禁赛一年。某保加利亚籍足球教练遭禁赛 4 年，因为他在 2010 年的某场比赛之前向队员提供了兴奋剂。我们只能猜想这些服食兴奋剂的运动员，在赢得比赛或领奖牌时在想些什么：他们会认识到自己得到的表彰不是应得的吗？或者，他们真的会相信自己的优秀表现完全是因为技术高超？

当然，棒球也不例外。如果马克·麦奎尔没有服食兴奋剂，他还会取得那么优秀的成绩吗？他认为取得好成绩都是因为他的技术好吗？在承认服用类固醇后，马克说："我相信大家一定很想知道，如果我从未服用过兴奋剂，是否能打出这些全垒打。在没有服用兴奋剂的那几年，我有时打得好，有时打得不好。在服用兴奋剂的那几年，我也是有时打得好，有时打得不好。但不管怎样，我都不应该那样做，因此，我感到十分抱歉。”

马克也许很后悔，但最后，无论是他的球迷还是他自己都不知道其真实水平到底如何。

正如你看到的那样，人们很容易相信被自己夸大了的成就。人们是否有可能停止或减少这种行为呢？通过提供报酬让人们更准确地判断自己的表现，似乎也不能降低自我欺骗的程度，所以，我们决定在人们受到有作弊机会的诱惑之前对他们进行干预。（这个方法与我们在第 2 章中提到的十诫实验有关。）由于参与者显然会忽略参考答案对于他们分数的影响，所以我们很想知道，如果让他们在作答时更清楚地意识到自己借鉴了参考答案，结果会如何呢？如果参与者明显地意识到自己是靠偷看答案才得高分的，他们还会相信自己并使参看答案的情况减少吗？

在我们的初步实验（答卷依托型）中，我们很难判定参与者是何时看的答案，也无法判断他们能从答案中得到多大程度的帮助。所以，在下一个实验中，我们让参与者用电脑完成相同的测试。这一次，屏幕下方的答案最初是看不见的。如果参与者想要参考答案，就必须将光标移动到屏幕下方，移走光标后，答案又会被隐藏。通过这样的方法，我们强迫参与者思考他们使用参考答案的确切时间和时长，他们也就无法轻易地忽略这种明确而刻意的行为。

虽然绝大部分参与者至少都参考了一次答案，但我们发现做这次实验时（相对于用答卷做实验），他们并没有在第二次测试中高估自己的表现。尽管他们仍然作弊了，但这次却是有意识地决定使用参考答案，而不是仅瞥一眼答卷下方的参考答案以排除他们自我欺骗的倾向。如此看来，如果清楚地意识到自己作弊了，我们就很少会将功劳算在自己头上。

## 自我欺骗的积极力量与消极影响

所以，在自我欺骗的问题上，我们的立场应该如何呢？我们应该继续维持现状，还是减少这个问题的发生？我认为，自我欺骗与过度自信、乐观及其他偏见很类似，都是有利有弊。从积极的方面来看，提升自信心可以提升我们排解压力的能力，从而增加我们的总体幸福感。在我们承担困难且乏味的任务时，自信心还能增强我们的毅力。除此以外，它还能使我们去尝试全新的不同的体验。

我们欺骗自己的一部分原因是想保持正面的自我形象。我们掩盖自己的过错，彰显自己的成功（即使这些成功并不完全属于我们），还喜欢将难以否认的错误归咎于他人和外部环境。就像那只螃蟹，当我们感到失去勇气时，就会用自我欺骗的方式来提高自信。展现自己出色的一面能帮助我们抓住约会的机会、完成大项目或获得一份工作。（当然，我并不是建议你在简历中吹嘘自己，但稍多的自信通常会对我们有所帮助。）

从消极的方面来看，若对自己过度乐观的看法达到了主导我们行为的程度，我们可能就会错误地认为每件事的结局都会是好的，因此，就不会积极地做出最好的决定。自我欺骗也可能会使我们去“提升”自己的生活阅历，例如伪造名校的学位证书，但如果真相最终被曝光，我们会深受其害。当然，欺骗是有代价的。当我们或周围的人表现得不诚实时，我们会开始怀疑所有人；没有了信任，生活的方方面面都会变得困难。

与生活的其他方面一样，快乐（部分因自我欺骗而产生）与对未来的最佳决策（对自己更为实际的看法）之间同样存在着一种平衡关系。当然，对未来充满美好的幻想是好事，但过于夸张的信念可能会在现实中击垮我们。

## 生活中有时需要善意的谎言

为了他人的利益而撒的谎被称为“善意的谎言”。当我们说出善意的谎言时，我们增大了经验系数，但这样做并不是出于自私的理由。例如，请考虑一下言不由衷的赞美有多重要。我们都知道善意的谎言的原则，例如，一位较胖的女士换上了一条紧身的新裙子，并问她的丈夫：“我穿这件显胖吗？”她的丈夫迅速进行了成本—收益分析，他能想象到若自己告诉妻子这个残酷的事实，今后的日子肯定不好过，所以这位丈夫便告诉妻子：“亲爱的，你看起来真美。”于是，他又安然地度过了一个夜晚，当然他的婚姻也安全了。

有时，善意的谎言只是一种社交手段，但有时候，善意的谎言能神奇地帮助人们走出困境。这一点是我从一位 18 岁的烧伤患者那里体会到的。

我差点儿在一场事故中丧生，幸免于难后，三级烧伤的我躺在医院里，全身皮肤有 70% 的面积被烧伤。从一开始，医生和护士就一直对我说：“一切都会好起来的。”我也愿意相信他们。对于年轻的我来说，“一切都会好起来的”就意味着我烧伤后的疤痕以及植皮后的印记都会慢慢变淡，直至消失，就像人们在做爆米花或在篝火旁烤棉花糖时被烧伤的情况一样。

在我住院的第一年年底，职业治疗师说她想把一位已康复的烧伤病人介绍给我，这位病人在 10 年前遭遇了与我类似的不幸。她想向我证明，我重新融入这个世界和继续做以前做的事都是有可能的，毕竟一切都会好起来。但在那位病人走到我面前以后，我被吓到了。这位病人的皮肤上布满疤痕，使他看起来有些畸形。他可以移动自己的手，怎么动都行，但手的功能已经基本丧失。这样的画面与我想象自己康复时的画面完全不一样。在我的想象中，当我离开医院时，我能够自如地使用双手，并且我的容貌也会恢复。这次见面以后，我意识到自己的伤疤与身体功能的糟糕程度已经超出了我的想象，因此，我变得非常沮丧。

在告诉我手术可能带来的痛苦时，医生和护士又对我说了一个善意的谎言。我的双手需要做一次手术，手术的时间很长，也极其痛苦。在这次手术中，医生将许多长针穿入了我手指的关节，这样做的话，我的手指可以保持笔直，手指上的皮肤也可以更好地恢复。每根针的顶部都有一个软木塞，以免我不小心被针伤，或戳到自己的眼睛。历经几个月的煎熬，护士会在没有麻醉的情况下帮我移除这些针。我对此非常担忧，觉得那一定会很痛。但护士说：“别担心。这个过程很简单，一点儿也不痛。”在接下来的几个星期里，我就没有那么担心了。

移除针时，一个护士托着我的胳膊，另一个护士用钳子慢慢地将针拔出。当然，与护士描述的完全相反，我感到非常痛，还痛了好几天。但现在想想，我还是很高兴她们对我撒了谎。如果她们告诉我真实的情况，我就会在拔针之前痛苦悲惨地等待，这也会伤害我急需呵护的免疫系统。所以我相信，在某些情况下，善意的谎言是可以接受的。

The (Honest) Truth
About Dishonesty

# 第 8 章

# 创新与不诚实：我们都是编故事的人

事实是为那些缺少想象力、无法自圆其说的人准备的。

佚名

理查德·尼斯贝特（密歇根大学教授）和蒂姆·威尔逊（弗吉尼亚大学教授）这两位研究者曾在当地的商场里支起一个摊位做实验，他们在桌子上放了4双长袜，问路过的女士喜欢这4双长袜中的哪一双。从这些女士的选择来看，她们普遍喜欢最右边的那双。为什么呢？有人说喜欢这双长袜的布料，有人说喜欢这双长袜的材质或颜色，还有人觉得这双长袜的质量是4双中最好的。这种偏好很有意思，因为这4双长袜其实是一样的（尼斯贝特和威尔逊后来又用睡衣做了同样的实验，结果也是一样的）。

当尼斯贝特和威尔逊询问路过的女士这么选有没有什么道理时，没有一个人提到长袜的摆放位置问题。在研究者告诉女士们所有的长袜其实都是一样的，可她们却偏爱最右边的长袜时，女士们甚至否定了这一点，并困惑地看了一眼询问自己的人，这表明她们感觉自己不是误解了问题，就是碰到了疯子。

这个故事说明了什么呢？我们有时并不清楚自己为什么会做某件事、选某样物品或有某种感觉。我们真正的动机是模糊的，但这种模糊性并不能阻止我们为自己的行为、决策和感觉寻找听上去很具逻辑性的原因。

你可能会感谢（或许责备）你的左脑，因为左脑能为你的行为找借口。正如认知神经学家迈克尔·加扎尼加（加利福尼亚大学圣塔芭芭拉分校教授）说的那样，我们的左脑就像“翻译家”，能从我们的经验中为自己的行为找到借口。

加扎尼加的这个结论是通过多年对裂脑患者的研究得来的，裂脑患者的人数很稀少，得了这种病后胼胝体（连接大脑两极的最大神经束）会被切除（以此来降低癫痫发作的可能性）。得了这种病的人会出现一种有趣的现象，即在我们刺激患者大脑的某个半球时，其另一个大脑半球不会感受到刺激。

加扎尼加的实验对象是一位胼胝体被切除的女性患者，实验目的是想看人们在按右脑的指令行事，却要求左脑（当左脑对右脑正在进行的活动一无所知）给出这样做的原因时会发生什么。加扎尼加用到了能对病人的右脑进行书面指示的仪器，当仪器闪出“笑”这个字时，就是在指示病人用右脑发出笑的指令。只要这位女患者遵从指令出现笑容，加扎尼加就会问她为什么笑。可她也不知道自己为什么笑，不过她并没有回答“不知道”，而是编了个借口：“你们每个月都找我们做实验，能以此维持生计，真是不错。”她之所以这么说，显然是觉得认知神经学家很有趣。

这个故事说明，我们都有一种极端的倾向，即想知道自己行为背后的驱动力是什么，以及世事的运行规律是什么，即使我们牵强的解释与现实并不符合。我们生来就有编借口的能力，而且在得到自己喜欢且听上去值得相信的借口前会不断地想借口。想出来的解释或原因对自己越有利，我们就越愿意接受这个解释或原因。

## 非理性决策

1974 年，在给加州理工学院的毕业生做的一场演讲的开头，物理学家理查德·费曼对毕业生们说道："第一点，别欺骗自己——因为你是最容易被欺骗的人。"到目前为止，人们总有一种矛盾心理——我们天生就有欺骗自己和别人的能力，也总愿意相信自己是好人、诚实的人。所以，我们会通过向别人解释自己的行为为什么是可以接受的，有时甚至是值得尊崇的，以使自己的不诚实行为合理化。我们的确很会为自己的行为找借口。

在进一步研究是什么使我们如此擅长编借口前，请允许我告诉你们，我（心甘情愿地）欺骗自己的经历。几年前（当时我已经 30 岁了），我准备把自己的摩托车卖掉换辆汽车。我想选一辆适合自己的汽车，当时网络上正流行被我称为"决策助手"的网页，令我高兴的是，我发现了一个为购买汽车提供建议的网站。网页的基本使用方式是回答一系列问题。登录网页之后，我要回答的问题从价钱的接受范围到安全性能，再到喜欢的前灯样式和刹车方式等。

我大概花了 20 分钟的时间回答完这些问题。每完成一页问题，完成进度便会增长一截，也就是我离最适合的车型又近了一步。在完成最后一页问题时，我急切地点击"提交"按钮。几秒后，我得到了答案。什么是适合我的车型？根据这个设计精良的网站的信息，适合我的汽车是——福特金牛。

我承认我对这款车不是很了解，事实上我对这款车的性能知之甚少，但我肯定自己想要的不是福特金牛。[①]

我不知道你在这种情况下会怎么做，但我像那些有创意的人一样，返回到程序中，“检测”自己之前提交的答案，并不时地看不同的回答会得出何种不同的建议。我改了好多次答案，直到程序仁慈地给我推荐了一款小型敞篷汽车——这才是我想要的。我听取了这条明智的建议，这也正是我自豪地成为一辆敞篷车车主的原因。（顺便提一下，我已经使用这辆车很多年了。）

这次经历告诉我，有时（或许经常）我们不依赖于自己的直接偏好做决策，而是依赖于直觉，直觉能告诉我们自己想要什么。我们的大脑会快速地思考，为自己的偏好找各种理由。这样的话，我们就能得到自己真正想要的，同时在自己和别人面前保存颜面，即保证自己的行为与理性且合理的偏好相符合。

## 硬币原理

如果承认我们经常用这种方式做决策，我们也许能使自己找借口的过程更有效率。以下就是我这么说的原因：假设你在两台数码相机间犹豫不决，相机A变焦功能很棒，电池寿命长；相机B手感更轻，外形更时尚。你不知道要选哪个，你觉得相机A的质量更好，但更想得到相机B，因为相机B看上去更漂亮。你会怎么做呢？以下是我的建议：从口袋里拿出一枚硬币，对自己说：“正面朝上就买相机A，背

---

① 我个人对福特金牛这款车没有什么偏见，我相信这是一款好车，但它并不是我想要的车。

面朝上就买相机B。”然后投硬币。如果正面向上，相机A就是你想要的，是适合你的，你就选择买它。但如果你不喜欢这个结果，就再投一次，并对自己说：“这次是认真的。”你一直重复抛硬币，直到背面朝上。你不仅会得到相机B（这正是你一直想要得到的那台），还能为自己的决策找到合理的解释，因为你完全遵从了硬币的“建议”。（你还能将硬币替换成你的朋友，咨询你的朋友，直到某个朋友给出你想要的建议。）

也许，这就是使我决定买敞篷车的那款推荐软件的真正功能。也许，设计这款软件的目的不仅是为了帮助我做出更好的决策，也是要创造一个将我真正想要做出的选择合理化的过程。如果真是这样，开发更多这类应用于生活中其他领域的软件，应该会很有用处。

## 说谎者的大脑

很多人都觉得一些人说谎的本事很大（很小）。若果真如此，这些人有什么特点呢？由杨亚玲（加利福尼亚大学博士后）领导的一个研究小组试图通过研究病态的说谎者（即不自觉就会说谎的人）得到这个问题的答案。

为了找到这个实验的参与者，杨亚玲和她的同事前往旧金山临时就业机构。有些没有长期固定工作的人很难找到工作，不是他们找不到工作，而是因为爱说谎，保不住工作。（显然这种情况，不适用于所有临时雇员。）

为了找出病态说谎者与常人的主要差异，研究者对 108 位求职者进行了一系列的心理测试，并与他们本人、他们的家人及其同事进行了几次面对面的谈话。在这 108 个人中，研究者发现有 12 位对自己的工作情况、受教育情况、犯罪情况和家庭背景等方面的描述与其家人、朋友的描述很不一致。而这 12 个人也正是为了得到疾病补贴而常常装病的人。

接下来，研究人员为这 12 位病态说谎者及 21 位求职的非病态说谎者（控制组）做了脑部扫描，以检测每个人的大脑结构。研究人员主要是看这些实验对象的前额皮质，即我们额头后面的那部分大脑，它负责高级思维活动，包括安排日程和决定如何抵制身边的诱惑等。这部分大脑还被我们用来协助做道德判断和决策制定。简言之，它是支配思考、理性和道德的指挥塔。

总的来说，填满我们大脑的物质主要有两种：灰质和白质。灰质是组成我们大部分大脑的神经元集合的别称，是为我们思考提供力量的物质；白质连接大脑细胞。我们都有灰质和白质，杨亚玲和她的同事对这两种物质在参与者前额皮质中的相对含量很感兴趣。他们发现，病态说谎者的灰质比控制组人员的灰质要少 14%，这种情况在很多有心理障碍的个体身上都存在。这意味着什么呢？一种可能是，由于病态说谎者的前额皮质（区分是非的重要区域）中有较少的大脑细胞（灰质），他们在做决策时就较少考虑到道德因素，因此也更容易说谎。

但不仅如此，你可能会想，既然病态说谎者头脑中的灰质较少，其头脑中肯定会有多余的空间。杨亚玲和她的同事还发现，病态说谎者前额皮质中的白质含量比非病态说谎者要多 22%~26%。有了更多的白质（记住，白质是连接灰质的物质），病态说谎者就更有可能将不同的记忆和想法联系起来，而储存在灰质中的、想要更多地接触世界的想法也许是使他们成为天生的说谎者的潜层次原因。

如果在一般人中探索这些结果，我们可以说，与大脑的连通性越高，我们就越容易说谎，也越容易使我们觉得自己是值得尊敬的人。毕竟在解释和说明不明确的事件时，大脑的连通性越好，探索的渠道也就越多，也许这才是使得我们的不诚实行为合理化的重要因素。

## 创造力越强，粉饰不诚实行为的能力越强

促进人思考的白质是否与越来越严重的说谎情况和越来越强的创造力相关？毕竟，大脑的不同区域连接越多，就被认为越具创造力。为了测试创造力和不诚实间可能的联系，弗朗西斯卡·吉诺和我设计了一系列实验。根据创造力的本质，我们从不同角度审视了这个问题，以相对简单的方法开始测试。

当参与者出现在实验室时，我们告诉他们要先在电脑上完成一项任务，然后回答一些问题。有些问题与他们的经验和爱好毫无关系（设计这些问题是为了不让参与者看出研究目的），只有 3 种问题是这次实验的重点。

第一套问题中，我们问参与者是否常使用一些“与创造力相关”的形容词（具有洞察力、创造性、独创性、足智多谋，以及不拘一格等）。第二套问题中，我们让参与者说出自己在 77 项不同的活动中的表现有多活跃，这些活动中有些需要更多的创造力，有些则对创造力的需求并不高。（如保龄球、滑雪、跳伞运动、绘画和写作等。）第三套问题中，我们让参与者判断自己对一些说法是否认同，例如“我有很多具有创造力的想法”“我更喜欢能激发出我的创造力的任务”，以

及“我喜欢用创新的方法做事”等类似的说法。

参与者完成个性测试后，我们就让他们进行点数任务，这项任务与问题不相关。如果你不记得这项任务了，请翻回第 5 章。

你认为结果会是什么呢？选择用一大堆与创造力相关的形容词、常参加具有创造力的活动和认为自己更具创造力的参与者，比不具创造力的参与者的不诚实行为更多、更少还是一样呢？

我们发现点击“右边更多”按钮（点击此按钮会得到更多的报酬）的参与者往往就是在三项创造力测试中得分更高的人。此外，更具创造力和创造力不强的人之间的区别，在点数实验中右边和左边点数的区别相对较小时最明显。

这就表明，更具创造力和创造力不强的人的区别在情况不明确、有更多改进空间时最明显。当对角线左右两边的点数明显不同时，参与者只决定是否要说谎。当测试中的情况更不明确，即更难分清对角线右边的点数多还是对角线左边的点数多时，人们的创造力就开始起作用了，人们欺骗的程度也会变高。创造力越强，他们越容易解释为什么对角线右边（能得到更高报酬的那边）的点数更多。

简单地说，创造力和不诚实行为间的联系似乎与我们为自认为正确的事找借口（即使我们做的是不正确的事）的能力有关。我们越具创造力，就越能为我们自私的行为找到合理借口。

## 诚信与智商无关

尽管实验得到的结果很有趣，但我们对此并不感到很兴奋。第一项研究表明，创造力和不诚实是有关系的，但这并不意味着创造力和不诚实有直接关系。例如，可能还有第三种因素（例如智力），在连接创造力和不诚实间起作用。

当人们想到像庞氏骗局的计划者伯尼·麦道夫或大家熟知的冒签支票的人弗兰克·阿巴格内尔（《猫鼠游戏》的作者）时，或是考虑到他们能够欺骗那么多人该有多聪明后，智力、创造力和不诚实间的联系似乎就能解释通了。所以，我们下一步就是要做些实验，来验证借助创造力或智力是否能更好地预测不诚实。

现在，再次假设你是我们实验中的一名参与者。不过，在你踏进实验室前，这次实验就已经开始了。在实验开始的前一周，你需要坐在家里的电脑前完成一项互联网上的调查任务，这项任务中有些问题的设计是为了对你的创造力和智力进行评估。测试创造力的方式与此前试验中所用的三种测试方式一样，另外我们还选了其中两种方式对智力进行测试。首先，我们要你回答 3 个问题，问题的设计是要测试你对逻辑还是对直觉更有信心，这 3 个问题是由谢恩·弗雷德里克（耶鲁大学教授）搜集来的。每个问题都有正确的答案，但人们往往会对它们做直觉性的回答，不过，这些迷惑人的答案是不正确的。

举个例子（见图 8–1），“一个球棒和一个球共花费 1.10 美元，球棒比球贵 1 美元，问球多少钱？”

快回答！答案是什么？

10 美分，对吗？

说得好，但不对。这是一个迷惑人的答案，但不是正确答案。

直觉告诉你答案是“0.10 美元”，但如果依赖于逻辑而不是直觉的话，你就会为了确保答案准确而再次审视你的答案：“如果球是 0.10 美元，球棒就会是 1.10 美元，这样的话，总数就会是 1.20 美元，而不是 1.10 美元 [ 0.10+（1.00+0.10）=1.20 ]。”一旦认识到最初的直觉是错误的，你就会运用中学时学的代数，解出正确答案。这与学习能力测试是不是很像？如果你回答的是正确答案，那就要恭喜你了。（如果不是正确答案也不要担心，在这次简短的测试中，你很可能会在其他两个问题中做出出色的回答。）

接下来，我们用口头方式测试你的智力。现在你看到了 10 个单词（例如“减少”和“减轻”），每个词你都必须在 6 个选项中选择一个与目标词词意最接近的。

一个球棒和一个球共花费 1.10 美元，球棒比球贵 1 美元，问球多少钱？

________美分

如果生产 5 个小零件需要 5 台机器运行 5 分钟，那么用 100 台机器生产 100 个小零件需要多长时间？

________分钟

湖中有一片睡莲，这片睡莲以每天增长一倍的速度向外扩展。如果 48 天后莲叶就能长满整个湖面，那么其覆盖湖面一半的面积需要多长时间？

________天

你是在核对答案前、中，还是后才写下你的答案呢？
默认的答案是 10，但正确的答案是 5。
默认的答案是 100，但正确的答案是 5。
默认的答案是 20，但正确的答案是 47。

**图 8–1 认知反应实验（CRT）**

一周后，你来到实验室里，坐在某台电脑前的椅子上。刚坐下，实验人员就对你说："今天你要完成 3 个不同的任务。这些任务是要测试你解决问题的能力、感知技能和基础知识。为了方便起见，我们将它们放到一起测试。"

第一个任务是解决问题的任务，也正是我们使用了多次的矩阵任务。5 分钟后，你需要把测试纸折好，投到回收箱中。你会说自己解决了多少个矩阵问题呢？你会真实报告自己正确解决的问题数量吗？还是会谎报？

第二个任务是测试感知技能的任务，即点数测试。在这项任务中你也能作弊，作弊结果就是：如果在每次点击按钮的任务中都作弊的话，你能得到 10 美元的报酬。

第三个也是最后一个任务是测试基础知识的多项选择题，共有 50 道题，题目的难易程度和涉猎内容各不相同。问题问到了一些琐事，如："袋鼠能跳多远？"（7.5~12 米），"意大利的首都是哪儿？"（罗马）等。回答正确一题你就能得到 10 美分的报酬，最高报酬是 5 美元。在这项测试中，你需要先在测试纸上圈出答案，再将答案誊写在气泡膜上。

在你完成测试放下铅笔时，实验人员忽然高声说道："哎呀！我弄错了！我拿来的是写有正确答案的气泡膜。对不起。你不介意用已经用过的气泡膜吧？我会试着涂掉所有的标记，这样你们就不会看清以前的标记了，可以吗？"你当然会同意了。

接下来，实验人员让你将测试纸上的答案誊写到有正确答案印记的气泡膜上，把原来的测试纸放进碎纸机，之后再将气泡膜上交，并获取报酬。显然，在誊写答案时，你会意识到自己能作弊：你可以不誊写自己的答案，而将气泡膜上原来的标准答案再写上，就能拿走报酬。（“我一直都知道瑞士的首都是伯尔尼，我选苏黎世是因为我没有想清楚。”）

总结起来，你参与了 3 个不同的任务，能得到 20 美元，这些钱可以使你的下一顿饭、啤酒和课本都有着落。但你能拿到多少报酬就要看你的智力、测试成绩和道德准则了。你会作弊吗？如果会，你认为作弊和智力或创造力有关系吗？

以下就是我们的结论：就像在第一个实验中出现的情况，更具创造力的人更容易作弊。但智力和不诚实的程度却没有关系。这意味着在这 3 项任务（矩阵实验、点数实验和基础知识测试）中作弊更多的人比没有作弊的人更具创造力，但他们的智力水平却相差不大。

我们还研究了极端作弊者（即作弊情况最严重的参与者）的情况。在测试创造力的实验中，他们比作弊程度低的人的得分更高。但是，他们的智力得分还是没什么不同。

## 为了报复而选择欺骗他人

创造力明显是协助我们作弊的重要帮手，但它不是唯一的帮手。我在此前的一本书《怪诞行为学 2》中曾描述一项实验，这项实验的设计是为了测试当人们得到糟糕的服务而心烦时会发生什么。简要地说，阿耶莱特·格尼茨（位于圣迭戈的加利福尼亚大学教授）和我雇了一位名叫丹尼尔的年轻演员，让他在当地的咖啡店协助我们做实验。丹尼尔让咖啡店的老顾客参与一项至少需要花费 5 分钟的任务，并保证任务结束后他们可拿到 5 美元。老顾客同意之后，丹尼尔递给他们 10 张纸，纸上胡乱地写着一些字母，他们的任务就是尽量找出临近的相同字母，并将其用铅笔圈出来。任务结束后，丹尼尔会走到老顾客身边，收集他们的测试纸，给他们一些钱，并说："这是给你们的 5 美元，数过之后请在收据上签字，收据放桌子上就好了，待会我会拿走的。"说完，他就离开了，去寻找另一名参与者。实验的关键点是，丹尼尔给他们每个人留了 9 美元而不是 5 美元，会有多少人退回额外的钱呢？

这并非令人厌恶的条件。丹尼尔在另一组顾客（令人厌恶条件下的顾客）面前表现得略有不同。在解释任务时，丹尼尔假装他的手机在振动，从口袋中掏出手机后说："你好，迈克，什么事？"一小会儿后，他满腔热情地说："太好了，今晚 8 点 30 分吃比萨。去我那儿还是你那儿？"要挂断电话时还说了一句"回见"。整个假装的谈话过程，持续了将近 12 秒。

在把手机放回口袋后，丹尼尔并没有为自己在谈话中未经允许就接电话这种不礼貌的行为道歉，只是继续说任务要求。接下来的实验步骤就和非厌恶条件一样了。

我们想看看被无礼忽视的顾客是否会留下额外的 4 美元报酬，以此来报复丹尼尔。结果表明，顾客的确这样做了。在非厌恶条件下，45% 的顾客退还了额外的钱；但在被惹恼的顾客中，只有 14% 的人退还了钱。尽管在非厌恶条件下有高于 50% 的人欺骗了丹尼尔，但在厌恶条件下，仅仅 12 秒的干扰就会让更多的人选择作弊，这还是令我们感到很惊讶。

说到不诚实，我认为这些结果表明：一旦有事或有人打扰到我们，我们就更容易为自己不道德的行为找到借口。我们不诚实的行为是为了报复，为了平衡我们之前受到的不公平对待。我们会对自己说：我们没有做错事，我们只是在找平衡。甚至认为这只是因果报应，是世事之间的平衡。这么说没有错，我们就是在为正义而斗争。

我的朋友和《纽约时报》科技专栏的作家戴维·波格写下了一些糟糕的顾客服务体验，以及因此而产生的报复感。所有认识戴维的人都知道他是一个乐于助人的人，所以听到他会伤害别人时，大家都感到很吃惊。不过，在受到伤害后，我们的道德感的确会改变，且改变的程度令人难以想象。从下面戴维的歌中你就能看出，戴维是个极具创造力的人。以下是戴维自己写的歌（请随着《寂静之声》这首歌的曲调一起唱）：

你好，语音信箱，又是你，
我打电话还是为了寻求技术服务。
我又没听从老板的警告，
周一早晨打的电话，
现在已是晚上，该吃晚饭了，
晚饭慢慢变凉，慢慢变质……
我却还在等着电话！
对方仍是毫无回音。

你好像还没懂，
我觉得你的电话根本无人接听，
每个按键我都按过了，
18 个小时过去了，我仍在等着电话。

我的麦克风已经坏了。
但仍打不进电话，
存储器也空了，
现在，我的麦克风也没有声音了。

梦里，我总是想象着，
对你们实行报复。
诅咒你们骑摩托车时出车祸，
血从你的伤口中迸溅而出。
你的力气渐渐消减，勉强拨打急救电话。
你祈祷给你治疗的医生不是新手。
给你治疗的人却正是我。
而我不会有任何回应。

## 意大利之旅的“创举”

当我 17 岁的时候，我的表哥尤弗 18 岁，整个夏天我们都在欧洲旅行，日子过得非常愉快。我们遇到了很多人，看到了很多漂亮城市的景点，也花了很长时间参观博物馆，对于我们两个闲不住的年轻人来说，这次欧洲旅行很完美。

我们的旅行路线从罗马开始，途经意大利、法国，最后到达英国。当我们第一次买青年火车通行证时，罗马的欧洲铁路局里有个特别好的人给了我们一份复印的欧洲铁路系统图，并用黑色圆珠笔在图上仔细地标出了我们需要乘坐的铁路路线。他说两个月内我们都能使用这张火车通行证，但只能乘坐他画出来的特定路线。他把薄薄的复印的系统图钉到了一张更正式的复印收据上递给我们。开始，我们确信不会有售票员认真对待这张看上去很不正式的线路图和车票，但卖票人告诉我们这些就足够了，事实上，也的确如此。

在罗马、佛罗伦萨、威尼斯和几座意大利小城观光结束后，我们在维罗纳城外的一个湖边过了几晚。最后一夜醒来后，我们发现有人翻了我们的背包，包里的东西撒了一地。在仔细核对了背包里的东西后，我们发现所有的衣服，甚至连照相机都在，唯一不见的是尤弗的那双鞋。我们本可以将其认定为小损失，但尤弗的妈妈（即我的姑姑纳瓦）不这么认为。为防止有人偷走我们的钱，她在尤弗那双鞋中塞了几百美元，用作备用现金。所以，这极具讽刺意味的情况让人很痛苦。

我们决定在城里转转，去找警察问问是否能找到偷走鞋的人。但是当地的警察完全不懂英语，要说明白这起事件的前因后果并不简单：一双鞋被盗，一双很重要的鞋，因为右脚的鞋里藏着钱。我们没有找到尤弗的鞋，因此感到很生气。在我们看来，世事难料，欧洲欠了我们。

丢鞋事件过去大约一周后，我们决定除了前往线路图上剩余的地方，还想去瑞士和荷兰游览一下。我们本应该再买火车票，但一想到鞋被偷了，意大利的警察又没有尽心地帮助我们，我们就决定发挥自己的创造力，想想别的办法。我们用卖票人的那种黑色圆珠笔在复印的地图上画上了另一条路线。这条路线是途径瑞士前往法国，最后到达英国。此时，地图可为我们的旅行指出两条路线：原先的那条路线和经过修改的那条路线。当我们将地图给检票员看时，他们并没有质疑我们画上去的路线，所以我们又在地图上画上了其他路线，游览完这几条路线要花几周的时间。

我们的小骗局直到前往巴塞尔的路上才被发现。瑞士的检票员在检查我们的车票时，皱起了眉头，他摇了摇头，又把票还给了我们。

他说："要想乘此趟火车旅行，需再买一张火车票。"

我们指着地图上修改过的路线礼貌地说："哦，但先生请看，巴塞尔的确是在我们的行程路线上的。"

检票员不相信，说道："对不起，要去巴塞尔的话你们就必须买票，不然就请下火车。"

我们争论道："但是，先生，如果你让我们去巴塞尔，我们会把大门乐队的这张专辑送给你，大门乐队可是美国一支很棒的乐队。"

这位售票员对大门乐队似乎并不是很感兴趣，但还是说道："好吧，你们可以去巴塞尔。"

我们不确定他最后同意我们不买票，是因为喜欢我们送给他的礼物，还是不想再纠缠下去。经过这件事之后，我们不再往地图上画路线了，而是很快回归最初设计的旅行路线。

回顾我们不诚实的行为，我很想将其归咎于年轻人的愚蠢，但我知道并不是这样。事实上，我认为诸多因素促使了我们这样做，并使我们接受自己的行为。

第一，我确信第一次身处国外会使我们更加坦然地创造新的欺骗原则。[①] 如果我们停下来仔细想想自身的行为，我们必然会意识到这

① 我认为不诚实和旅行大体上是有联系的。也许是因为旅行时要遵守的原则较少，或者是因为旅行时的情景与日常生活的情景不同。

些行为的严重性，但不知道为什么，我们没有想那么多，我们认为我们自创的、修改过的旅行路线是普通欧洲铁路路线的一部分。第二，丢了几百美元和尤弗的鞋使得我们想要报复，并让欧洲各国补偿一下我们的损失。第三，我们也许觉得应该在道德方面冒一下险。第四，我们安慰自己说没人会因我们的行为而受到伤害。毕竟我们只是在地图上画了几条线而已，火车总是要返回的。此外，火车也总是有空座，所以我们没有占任何人的便宜。而且，我们也总能为自己的行为找借口，因为我们刚开始买票时，我们本可以以相同的价钱选择另外一条线路。既然在刚开始买票时，不同路线对于欧洲铁路局来说是一样的，在某一刻选择一条不同的路线又有什么关系呢？（也许这就是回溯股票期权的人对于如何为其行为找借口的真实想法。）行为合理化最后的因素与火车票的自然属性也有关系。因为欧洲铁路局的售票员只给了我们一张薄薄的复印纸，计划的路线还是用笔画上去的，这样的话，我们就很容易更改，而且因为我们和卖票者标记路线的方法（在纸上画出路线）一样，这种操作上的简便也使我们的道德感更为松懈。

思考完以上所有理由后，我意识到我们将自身行为合理化的能力非常强，如何防止这种合理化的过程已成为日常必做的事。我们用各种方法否认自己违背原则的能力非常强，尤其是在我们的行为差点儿就对别人造成直接伤害的时候。

## 最伟大的艺术家也是最具创造力的骗子吗？

巴勃罗·毕加索曾说：“好的艺术家模仿，伟大的艺术家剽窃。”

纵观历史，不乏剽窃者。威廉·莎士比亚从古希腊、古罗马和意大利的历史事件中寻找小说的素材，之后将它们写进精彩的戏剧中。

我们的实验也表明，在说到欺骗时，创造力是一种指导力量。但我们不知道我们是否能在提升一些人的创造力后，使他们的不诚实程度随之升高。这也是我们下一步实验想要研究的地方。

在接下来的实验中，弗朗西斯卡和我研究了让参与者更具创造力之后（用社会科学家所谓的启动现象）是否就会提升他们的欺骗程度。假设你是一位参与者，我们给你介绍了点数任务。你尝试着进行了一遍练习，练习中你不会得到报酬。在你真正开始实验（即可因偏见而得到报酬的实验）前，我们让你做了一项组合句子的任务。（这正是激发创造力的步骤，方法是使用打乱放置的词组成一个句子，与改变参与者瞬时心态的方法是一样的。）在这项任务中，你会看到20组词，每组有5个词，且词出现的顺序被打乱了（例如“天空”“是”“头上的”“为什么”“蓝色的”），你需要在每组词中选4个并组成符合语法的句子（“头上的天空是蓝色的”）。你不知道的是，这个任务其实有两种不同的方式，你只能看到其中一种方式。一种方式是有创造力组，其中20个句子中有12个含有关于创造力的词（“创造性”“原始的”“新奇的”“新的”“有独创性的”“想象力”“想法”，等等）。另一种方式是控制组，其中20个句子中没有词与创造力有关。我们的目的是通过使用与创造力有联系的词让某些参与者处于更具创造力、更有抱负的状态中，就像阿尔伯特·爱因斯坦和达·芬奇那样，而其他人则处于平常的状态。

在完成组合的任务后（用两种方式中的一种），你又开始进行点数任务。但这次你会得到真正的钱，就像之前实验里规定的那样，选

“左边点数多”会得到 0.5 美分，选“右边点数多”会得到 5 美分。

这些数据说明了什么？激发更具创造力的心理状态是否影响到了一个人的道德？在做点数实验的练习任务（即没有报酬）时，两组的表现没什么区别，直到组合句子的任务以后，两组才表现出区别。正如我们预期的那样，被具有创造力的词启发了的参与者比控制组的参与者选择“右边点数多”这个按钮（选这个按钮会得到更高的报酬）的次数更多。

到目前为止，我们似乎可以得出结论：富有创造力会诱使人们去欺骗。在实验的最后阶段，我们想看看创造力和欺骗在真实的情景中是如何相关联的。为此，我们在一家大型广告公司中做了实验，让大部分员工回答一系列关于道德的两难问题。设置的问题包括：“你会谎报你的公费花销吗”“你会在什么工作都没做时，和主管说你的工作有了进展吗”，以及“你会从工作单位往家里拿办公用品吗”。我们还问他们在公司的哪个部门工作（会计、广告文案撰写、账户管理和设计等）。最后，我们问广告公司的总裁对每个部门的创造力有什么要求。

现在，我们知道了每位员工的基本道德水平、工作的部门，以及每个部门的员工被要求的创造力水平。有了这些数据，我们估算了不同部门中每位雇员的道德弹性，以及这种道德弹性和工作中要求的创造力有何关联。结果表明，道德弹性和工作部门及工作对创造力的要求高度关联。设计师和广告文案撰写人的道德弹性最大，而会计的道德弹性最低。似乎当工作需要我们具有“创造力”时，我们更容易做出不诚实的行为。

## 科技创新与惊天骗局只有一步之遥

我们已经习惯听到对创造力的赞美声：它是人类的一种美德，是社会进步的重要动力。我们都希望变得有创造力，不仅个人如此，公司和社区也是如此。我们尊敬创新者，称赞并羡慕有创造力的人，否定毫无创造力的人。

这么做是有原因的。创造力能帮助我们找到新的方法和方案，提高人们解决问题的能力。正是创造力（有时）用有利的方法帮助人类重塑世界，从下水道和水过滤系统到太阳能电池板，从摩天大楼到纳米技术。尽管还有很大的发展空间，创造力在人类社会的发展进程中还是起了很大的作用。毕竟，如果没有像爱因斯坦、莎士比亚和达·芬奇那样有创造力的先驱，这个世界必将索然无味。

但这么说也不完全。就像创造力能使我们找到解决难题的新方法，创造力也能使我们找到原则的漏洞，用利己的方式来重新解释。运用创造性的思维能让我们鱼与熊掌兼得，还能使我们永远成为故事里的英雄，而非坏人。如果导致不诚实行为的关键是我们在认为自己是诚实、有道德的同时还能从欺骗中获利，创造力就能帮助我们编造出更好的借口——一种让我们变得更不诚实却仍然认为自己非常诚实的借口。

一方面，人们既想积极地看待自己，又有想要获利的欲望；另一方面，创造力也有其不利的一面。这两方面的结合又使我们处于一种紧张的境地。历史学家（也是我的同事和朋友）埃德·巴雷森在他即将出版的新书《易上当的人、骗子以及矛盾的状态》中描述，每次商界有新的科技创新时，不管这种创新是邮政服务，还是电话服务、无线电、电脑或抵押贷款，这种进展都能让人更接近科技和不诚实的边缘。只有在科技的力量、影响和界限都确定之时，我们才能决定是否应该广泛地使用这些新科技。

例如，埃德指出，美国邮政最初的一项服务是卖不存在的产品。人们花了一段时间才弄明白是怎么一回事，最后美国政府为排除邮政骗局出台了一套法规，以确保这些服务的高质量、高效率和高信誉。如果你从这个角度思考科技的发展，这就意味着我们应该感谢某些有创造力的骗子，没有他们的创新就没有我们的发展。

我们从中能得到什么呢？显然，我们应该继续雇用有创意的员工，继续渴望成为有创意的人，并且继续激励他人拥有创造力。但我们也需要认清创造力和不诚实间的联系，试着减少有创造力的人运用其技能找到新的方法去行骗。

顺便说一句，我不确定我是否已经提到了，我觉得我不仅非常诚实，而且极具创造力。

The (Honest) Truth
About Dishonesty

# 第 9 章

# 我们是如何感染上不诚实的病毒的？

有段时间，我需要到世界各地就非理性行为进行巡回演讲，因此常要坐飞机。有一次，我从北卡罗来纳州的家出发，乘飞机到纽约市，先后前往巴西的圣保罗，哥伦比亚的波哥大，克罗地亚的萨格勒布，加利福尼亚州的圣迭戈，最后又回到北卡罗来纳州。几天后，我又飞去得克萨斯州的奥斯汀，途径纽约市，土耳其的伊斯坦布尔和缅因州的卡姆登，最后（精疲力竭地）回到家。旅途中，在过安检和找回遗失的行李的过程中，我受到了很多侮辱和伤害。但这些与在旅途中生病相比都算不了什么，所以我总是努力避免生病。

在一次跨越大西洋的旅途中，我一直在准备第二天要做的关于利益冲突的演讲，旁边的乘客似乎患了重感冒。可能是因为这位生病的乘客，也可能是因为我害怕自己会被传染上疾病，又可能是我的睡眠不足，或仅仅是这种随意且有趣的联想，我开始思考旁边这位乘客和我在乘飞机往返各地时传递的病菌，与最近广泛存在于各大公司不诚实现象之间的共同点。

在此前的章节中我提到过，安然公司的倒闭让我对公司内存在的欺骗现象产生了兴趣，且在看到凯马特公司、世界通信公司、泰科公司、哈里伯顿公司、百时美施贵宝公司、弗雷德马克公司、范妮梅公司，还有伯纳德·L. 麦道夫投资证券公司等不断曝出的丑闻和 2008

年次贷危机后，我的兴趣就更浓了。从旁观者的角度来看，金融丑闻层出不穷，这是因为人们对不诚实和非法行为的识别能力变强了，还是因为人们道德素质下降，不诚实的现象愈加普遍。或者是因为不诚实现象也有传染性，以至于在各大公司间大肆泛滥。

看到旁边乘客用来擦鼻涕的纸巾越积越多，我开始联想，人是否也会被“不道德病毒”传染？如果社会上的不诚实现象真的越来越多，病毒或传染性细菌是否可能像传染病那样，是通过观察或直接接触传播的呢？传染病的概念和我们身边不断出现的欺骗和不诚实现象的深层含义间是否有联系？如果有，我们能否提前发现造成这种联系的“病毒”，并防止其造成更大的危害呢？

我个人觉得有这个可能。所以一回到家，我就开始阅读关于细菌的文章。我了解到无论是在体内还是体外，又或者是在我们身体周围，都存在着很多细菌；只要有害细菌不超过一定数目，我们就不会受其侵害。但当细菌数量过多，扰乱了我们自身的平衡，或当某种尤为有害的细菌突破我们身体的防御系统时，问题就出现了。

老实说，我不是第一个想到这种联系的人。18 世纪至 19 世纪，监狱改革者认为罪犯应像隔离疾病那样被隔离开，而且被隔离的地方通风要好，以免“传染”他人。我当然不像这些改革者那样，认为不诚实的传播性与疾病的传播性之间有共同点。某种靠空气传播的瘴气可能不至于把人变成罪犯，但我想运用这个比喻，进行大胆的猜测：如果我们都接近爱骗人的人，社会上诚实品质的自然平衡就会被打破。而且，相较于与我们不亲近或对我们的生活没有影响的人的不诚实行为，与我们亲近的人的不诚实行为对我们可能更具“传染性”。（例如，在 20 世纪 80 年代，“吸毒的父母往往会有吸毒的孩子”，因此反毒品运动的口号就是“我是跟你学的”，以此来警告那些父母。）

这个受传染的比喻使我想到人们暴露于欺骗行为的强度问题，以及看到多严重的不诚实现象会改变我们自身的行为。比如，如果我们看见某位同事从办公用品的库房里走出来，手里拿着一些笔，我们是否会立刻思考：像他那样拿办公用品是正确的吗？我想情况不会是这样的。相反，就像我们和病毒的关系那样，变得不诚实的过程可能更缓慢、更微妙。在看见有人行骗时，我们也许会对此产生一个微小的印象，自身的道德感也会稍微降低。然后，在第二次看见不道德的行为时，我们自身的道德感就会变得更糟，当身边的不道德“病毒”越来越多时，我们对于欺骗行为的“免疫力”也会越来越低。

几年前，我买了一台自动售货机，觉得它在研究关于定价和折扣的实验中会有用。妮娜·马萨尔和我花了几周的时间利用这台机器做了一些实验，研究当我们将自动售货机的固定的折扣价替换成以概率形式出现的折扣时，会产生何种结果。我们对这台机器做了些改动，在某些“吐”糖果的槽上标上 30% 的折扣（这些糖果原本的价格是 1 美元）；而在“吐”其他商品的槽上标上 70% 的概率需付全款，30% 的概率可以拿回所付钱款（也就是说不用付钱）。如果你对实验结果感兴趣的话，我可以告诉你：在可能拿回钱的情况下，自动售货机的销售量几乎上涨 3 倍。这种概率性的折扣我们以后还会讨论，但能拿回钱的情况让我们有了另一种测试欺骗的想法。

一天清晨，我把这台机器移到了麻省理工学院的一栋教学楼旁，并从机器内部将糖果的价钱设置为零。从外面看，每颗糖果的价钱仍是 75 美分。但当学生付了 75 美分，选了自己要买的糖果时，机器不仅吐出了糖果还吐出了钱。我们还在机器的显著位置上留了个电话号码，并标注了“如果机器坏了，请拨打此电话号码”的字样。

一位助理研究员坐在这台机器附近，而机器正好就在她的视线范围内。她假装在用电脑，实际上却在记录人们得到免费糖果时的举动。实验进行了一段时间后，她观察到两种行为。人们会拿走大约 3 块糖。当他们得到第一块糖并拿回了钱后，大多数人都想看看这种事是否会再次发生（当然会）。之后，多数人还会再做一次，之后就不会再做了。人们肯定是记起了自己碰到过售货机吞了钱却不出东西的情况，所以，他们可能觉得这台慷慨的机器是在弥补他们以前遭到的不平等待遇。

我们还发现，多数人会去找自己的朋友来，且每逢看到熟人，就会邀他们共享这份糖果恩惠。当然，这只是一次观察研究，但我因此思考：当我们做一些受到质疑的事时，邀请朋友也来加入，能将我们这种受到质疑的行为合理化吗？毕竟，如果我们的朋友和我们一同跨越了道德边界，我们自身的不诚实行为是否就会更容易地得到社会的认可？如此来为自身的不良行为找借口也许有些过分，但当我们的行为与周围人的社会准则相符合时，我们往往会感觉良好。

## 课堂欺骗

自动售货机的实验过后，我开始在其他地方观察欺骗的传染性，包括在我的班级里。几年前，就在学期开始时，我询问行为经济学专业的 500 名学生，有多少人相信自己能在使用电脑做无关课堂的事时（登录脸书，浏览网页，发送电子邮件等）还能认真听课。幸好，多数人都表明他们不能同时做多项工作（的确是这样）。然后，我又问道，多少人能做到当电脑在自己面前处于运行状态时，自觉地不做与课堂无关的事。这次几乎没人举手。

那时，让我感到矛盾的是应该在教室里禁止使用电脑（这样做当然有利于同学上课记笔记），还是帮助学生重拾自控能力，增加一些干预，但允许他们使用电脑。我是个乐观派，所以让学生举起右手，并跟随我说："我永远、永远、永远不会在这堂课上用电脑做无关课堂的事。我不会阅读新闻或发送邮件，不会登录脸书或其他社交网络，不会上网搜索任何与课堂无关的内容。"

学生跟我重复了一遍这些话后，我感觉很好，至少那时感觉很好。

我不时地会在课堂上播放视频，用例子说明观点并调节学生上课的节奏和注意力。我经常在播放视频时走到教室后面，和学生一起观看。而且站在教室后面还能直接看到学生的电脑屏幕。开学前的几周里，他们的电脑屏幕上显示的都是与课堂相关的内容。但后来我发现，一周周地过去，学生的电脑屏幕上会越来越多地出现大家都熟悉却与讲课内容无关的网页，脸书和电子邮件的页面也常会出现在屏幕上。

回想起来，也许是看视频时教室里的黑暗促使学生违背自己的承诺。一旦教室里的光线暗下来，且有个学生开始用电脑做无关于课堂的事时，即使只做一分钟，不光是我，其他很多学生，都能看到他在干什么。这一举动很可能会诱使更多的学生做出同样不良的行为。据我观察，保证诚实只是一开始管用，但当从别人的不良行为中看到社会准则时，这种保证就不管用了。①

---

① 最明智的就是在每节课开始时，带着学生宣誓，也许下次我就会这么做。

# 害群之马

对校园里欺骗行为的观察，与我一边散步（900 米）一边对社会上欺骗行为的传染性进行思考一样，当然这只是推测。为了更深入地了解欺骗的传染性，弗朗西斯卡·吉诺、沙哈尔·阿亚尔（位于以色列的一所跨学科中心的教授）和我决定在卡内基·梅隆大学设计几个实验（当时弗朗西斯卡正在访问这所大学）。实验的基础就是我之前描述过的矩阵实验（不过此前用的实验更简单），但我们做了些改变。第一个改变是实验人员在给每个参与者发放包含矩阵问题的测试纸时，再给一个马尼拉纸制成的信封，里面装有 10 美元的现金（8 张 1 美元纸币和 4 个 50 美分的硬币）。这种支付方式的改变意味着在实验结束时，参与者需要自己拿报酬，并把不应得的钱留下。

在控制条件下，即没有作弊机会的条件下，在规定时间内解决了 7 个矩阵问题的学生数出了自己正确解决的问题个数，然后从马尼拉纸的信封中拿出相应的钱放到钱包里。之后，参与者将测试纸和装有剩余钱的信封还给实验人员，实验人员检查测试纸并数出信封里剩余的钱，并送走这个拿了钱的学生。到目前为止，一切都很顺利。

在粉碎机条件下，实验指令有些改变。在这个条件下，实验人员首先会告诉参与者："在你数清正确答案的数量后，把测试纸放到房间后面的碎纸机里，然后回到你的座位上，从信封里拿走应得的钱，之后你就能离开了。在离开时，请把装有剩余报酬的信封投到门口的盒子里。"然后，实验人员宣布测试开始，实验人员会去读一本很厚的书（澄清一点，此时没有人监视）。5 分钟过后，实验人员说时间到。参与者放下手中的铅笔，数出正确解决的问题个数，粉碎测试纸，并回到座位上，领取自己的报酬，在离开的时候把装有剩余报酬的信封投到盒子里。与预想的一样，我们发现粉碎机条件下的参与者声称他们解决的问题数比控制条件下的参与者声称的更多。

这两种条件为我们真正想要测试的内容——欺骗的社会性动机创造了出发点。接下来，我们选择了粉碎机条件（在这种条件下，欺骗是可行的），并在其中增加一个社会因素。如果参与者观察到其他人过分的欺骗行为，如市场上的麦道夫投资公司，结果会如何呢？会改变参与者的欺骗程度吗？

假设你是我们所谓的“麦道夫”条件下的参与者。你坐在书桌前，实验人员给了你和其他参与者实验指令后说道：“可以开始了。”你开始专心解决问题，试着尽量多地答对问题（这样才能多赢得报酬）。60 秒后，你仍在解决第一个问题，而计时也在继续。

一个又高又瘦、黄头发的人站起来，看着实验人员说：“我做完了！现在该做什么？”

你会觉得“这不可能，我连第一个问题都没做出来呢”。你和其他参与者以怀疑的眼神注视着他，他显然是作弊了。没人能在不到 60 秒的时间内完成 20 道矩阵问题。

实验人员告诉他：“把你的测试纸粉碎掉。”这个人走到房间后面，粉碎了他的测试纸，然后说道：“我把所有问题都解决了，所以我的信封里没有剩余报酬，怎么办？”

实验人员不慌不忙地答道：“如果你没有要退还的报酬，就把空信封放到盒子里，然后你就可以离开了。”这个学生对实验人员说了声谢谢，对大家挥手告别，微笑着离开了房间，并把所有报酬都放进口袋里。看到了这些，你会做何反应呢？你会因为这个人作弊了却没有受到惩罚而感到气愤吗？你会改变自己的道德行为吗？你会更少地欺骗他人，还是更多地欺骗他人呢？

如果告诉你如此大胆地作弊的人是我们请来当“演员”的学生戴维，你是否会感觉好点了呢？我们想看看：看到了戴维这种恶性欺骗行为，能否让参与者效仿他的做法，染上“不道德的病毒”，进而更多地作弊呢？

以下是我们的观察结果。在“麦道夫”条件下，参与者声称他们解决了 20 道矩阵题中的 15 道，比控制条件下的参与者多出 8 道，比粉碎条件下的参与者多出 3 道。总之，在“麦道夫”条件下的参与者拿走的报酬，几乎是他们应得的 2 倍。

表 9–1 是一个简要的总结表：

**表 9–1　控制、粉碎及“麦道夫”条件下的作弊情况**

| 条　件 | “解决的”问题（共 20 个） | 作弊的程度 |
|---|---|---|
| 控制（不可能作弊） | 7 | 0 |
| 粉碎（可能作弊） | 12 | 5 |
| “麦道夫”（可能作弊） | 15 | 8 |

这些结果尽管有趣，但仍然不能解释为什么在“麦道夫”条件下，参与者作弊的程度更严重。如果是因为戴维的行为，参与者可能会在心里快速地盘算，“如果他能作弊且不受惩罚，那我也能这样做，也不用害怕被抓到”。如果真是这样，戴维的行为（戴维在实验中明确表明，参与者是可以作弊且不用受惩罚的）就影响了参与者的成本—收益分析。（这是我们在第 1 章中描述的理性犯罪简单模式的观点。）

另一种不同的可能性是戴维的行为给房间中其他参与者提供了一个假象，即这种行为在社会中是可接受的，或者至少是可能的。在生活中的多个方面，我们总是从别人身上学到什么行为是合适的，什么行为是不合适的。不诚实的行为可能源自社会准则对可接受行为的定义不明确，而其他人的行为（在这个例子中，指的是戴维的行为）能影响我们对于对错的判断。从这个角度来看，我们在“麦道夫”条件下观察到参与者的欺骗程度有所加深，可能并非由于理性的成本—收益分析，而是因为对在道德范围内什么是可以接受的行为，有了新的认识和观点。

为了检测这两种可能性中哪种能更好地解释为什么“麦道夫”条件下欺骗现象有所增多，我们设计了另一个略有不同的实验。在这个实验中，我们想看看在排除掉被惩罚的可能性，且没有人故意做出欺骗行为给别人看时，是否会使其他参与者的欺骗程度更高？这次我们又请来了戴维，但他的任务是在实验人员讲述要求时大声提问：“不好意思，这些要求是不是意味着只要我解决了所有的问题，就能把钱都拿走，是这样吧？”几秒后，实验人员回答道：“你想怎么做就怎么做吧。”显然，我们可以将其称为问题条件。听到这里时，参与者很快就会明白他能在实验中作弊且不受惩罚。如果你是参与者，这样的认知会使你作弊的程度更高吗？你会快速地进行成本—收益分析，拿走不应得的钱吗？毕竟，你听到了实验人员说“你想怎么做就怎么做吧”。

现在，我们来思考一下这个实验如何能帮助我们理解“麦道夫”条件的实验。在“麦道夫”条件下，参与者能亲眼看到欺骗行为，这种行为表达了两种信息：从成本—收益分析的角度来看，看见戴维拿着所有的钱走出房间，这一行为就是在向其他参与者表明：在这个实验中，欺骗不会有不好的结果。同时，戴维的行为还给了参与者一个社会准则提示：与自己差不多的参与者似乎都在实验中作弊。因为“麦道夫”条件同时包含了这两种因素（也就是上面的成本—收益分析和社会准则提示），我们无法看出欺骗程度的加大是因为参与者重新进行了成本—收益分析，还是因为社会准则提示，或是两者都对欺骗程度产生了影响。

这也是我们设计问题条件的原因。在这个条件下，只存在第一个因素（成本—收益分析）。当戴维打断实验人员的话并提问时，实验人员的回答确保了参与者不仅有机会作弊，而且作弊后还没有不良后果，这使他们清楚地明白，在这个条件设定下作弊是万无一失的。更重要的是，即使没有同小组中参与者作弊的活生生例子和社会准则提示，问题条件还是改变了参与者对后果的认识。如果问题条件下欺骗的程度和“麦道夫”条件下欺骗的程度相同，我们就能得出结论：引起两种条件下欺骗程度提高的原因很可能是参与者知道欺骗是不会受到惩罚的。另外，如果问题条件下欺骗的程度比“麦道夫”条件下欺骗的程度更低，我们就能得出结论：“麦道夫”条件下欺骗程度的增高是因为有社会准则的提示，即与作弊者社会背景相同的人会认为在这个情境下作弊是可以接受的。

你觉得结果会是如何呢？在问题条件下，参与者声称他们解决了10个矩阵问题，大约是控制条件下的3倍（这说明参与者的确作弊了）；比粉碎机条件下少2个；比“麦道夫”条件下少5个。在听到实验人员告诉戴维，他能做自己想做的任何事时，欺骗行为的程度竟然降低了。如果参与者只是做了理性的成本—收益分析，结果不会是这样的。此外，这种结果表明，当意识到会有不道德行为出现时，我们会唤醒自身的道德感（这与第 2 章中提到的《十诫》实验和诚信实验相似），因此，也会变得更诚实。

## 从个体的不诚实到群体的不诚实

尽管这些结果显示出了清楚的迹象，但我们仍想得到关于“欺骗可能在社会中具有传染性”这一说法的更直接的支持证据。我们决定在时尚界寻找这一证据。

我们下一个实验的设计和“麦道夫”条件一样：我们的“演员”会在实验开始后等几秒钟，然后说出自己解决了所有的问题，这些情节和“麦道夫”实验相同。但这次还有一点不同，且是时尚方面的不同：这位“演员”穿着匹兹堡大学的运动衫。

让我解释一下，匹兹堡有两所世界级的大学：匹兹堡大学和卡内基·梅隆大学。就像其他地理位置接近的高等教育机构，这两所大学总是处于竞争状态。这种对抗精神正是我们进一步测试欺骗有社会传染性的假设所需要的。

实验都是在卡内基·梅隆大学进行的，且所有的参与者都是卡内基·梅隆大学的学生。在基本的“麦道夫”条件下，戴维穿了一件简单的运动衫和一条牛仔裤，看上去和其他参与者一样，都是卡内基·梅隆大学的学生。但在这次我们称为“外人麦道夫”的条件下，戴维穿了一件蓝色和金黄色相间的匹兹堡大学的运动衫。这么做就是在告诉其他参与者，戴维不是这所大学的学生，他是匹兹堡大学的学生，不是卡内基·梅隆大学社会群体中的成员；戴维实际上属于竞争对手社会群体中的成员。

这种条件背后的逻辑和问题条件的逻辑相似。我们认为，如果“麦道夫”条件下的欺骗程度有所增长是因为人们意识到如果戴维能作弊且不受惩罚，那其他人也能；或者说明戴维穿上卡内基·梅隆大学的校服或匹兹堡大学的校服都无所谓。毕竟，大胆地欺骗且不受惩罚与戴维所穿的服装无关。此外，如果“麦道夫”条件下欺骗程度的加大是因为戴维告诉了参与者一条社会准则，即在他们的社会群体中，欺骗是可接受的，这种影响只在我们的“演员”是他们群体中的一员（卡内基·梅隆大学的学生）时起作用，而当“演员”是竞争对手中的一员（匹兹堡大学的学生）时，这种影响就不起作用了。因此，这次实验中重要的因素是连接戴维和其他参与者的社会联系：即当“演员”穿着匹兹堡大学的运动衫时，卡内基·梅隆大学的学生是会盲目地模仿他，还是会抵制他的做法？

简要概括一下目前的结果：当粉碎机条件下可以作弊，且并非由戴维使大家了解到能作弊时，学生声称他们平均解决的问题数有12个，比控制条件下学生声称的要多5个。在“麦道夫”条件下，当戴维穿着卡内基·梅隆大学的校服站起来后，参与者声称他们解决了15道题。当戴维提问关于作弊的可能性且得到了肯定的答复后，参与者声称他们只解决了10个问题。最后，在“外人麦道夫”条件下（戴维穿着匹兹堡大学的校服），学生在看到戴维作弊后，声称自己只解决了9道题，参与者们在该条件下仍然会作弊（大约多报2道题），但比戴维被认为是卡内基·梅隆大学的一员时作弊的数量要少6个。

请看表9–2：

表 9–2　不同条件下的作弊程度

| 条　　件 | "解决的"问题（共有 20 个） | 作弊程度 |
|---|---|---|
| 控制条件（不可能作弊） | 7 | 0 |
| 粉碎机条件（可能作弊） | 12 | 5 |
| "麦道夫"条件（可能作弊） | 15 | 8 |
| 问题条件（可能作弊） | 10 | 3 |
| "外人麦道夫"条件（可能作弊） | 9 | 2 |

这些结果不仅表明了作弊很普遍，还表明了作弊是有传染性的，能通过观察身边的人的不良行为增加自身作弊行为的程度。具体地说，我们身边的社会力量是通过两种方式起作用的：当作弊者是我们所在社会群体的成员时，我们的行为会与他们一致，最后，我们会感觉作弊从社会角度来看是可以接受的。但当这个作弊的人不属于自己的社会群体时，我们很难为自身的不良行为找到合理的借口，且自身的道德感让我们更想把自己和那些不道德的人，以及（更不道德的）外人区分开来。

这些结果还表明，其他人在我们定义自身行为（包括欺骗）的可接受范围时是多么关键。只要看到自己的社会群体中某人的行为跨越了这个范围，我们就很可能会重新调节自己的道德标准，把别人的行为看成自己的行为准则。如果这个人恰巧是有权力的人，比如父母、老板、老师或其他我们尊重的人，那么我们将其看成榜样的可能性就会更大。

## 近朱者赤，近墨者黑

因为学生们为了几美元作弊而恼怒，这是一回事（尽管这种欺骗行为很容易出现）；当作弊在大范围内发生时，又是另外一回事了。当小组内部有几个人不遵从准则时，他们影响了周围其他人，而这些受影响的人反过来又会影响他们，以此类推。我认为，2001 年的安然事件和 2008 年的华尔街金融风暴等很多案例，都是由于人们的相互影响才发生的。

人们能很容易地联想到下面这种情景：大型银行的一名知名银行职员鲍勃进行了不正当交易，并从中获取了很多利益，例如对某些金融产品要价过高，次年才报告银行损失等。大型银行的其他职员听说了鲍勃的所作所为，在吃午饭的时候对此谈论了一番。其他大型银行的职员听到了他们的谈话，这件事就这么被传开了。

短时间内，很多银行职员都明白鲍勃不是唯一捏造数据的人，还将他算作他们内部的一员。现在对他们来说，捏造数据是可接受的行为，至少在“保持竞争力”和“保证股东得到最大利益”[①]这方面是可接受的。

同样的，考虑这样一个情景：某个银行动用政府救市的资金来支付其股东的红利（或者银行只保管现金，不借出）。很快，其他银行的董事也认为这是合理的行为。这是一个简单的过程，这种行为上的败坏是我们身边每天都会发生的事。

当然，银行不是唯一会发生这种个别行为影响其他人行为的地方，在其他地方，如美国国会等政府部门的情况也是如此。在美国立

① 我认为所有将“保证股东得到最大利益”奉为最高宗旨的公司，会认为其所有的不良行为（从金融方面到法律方面，再到环境方面的欺骗行为）都是事出有因的。执行人员得到的报酬是和股票价格有直接关系的这一事实，可能提升他们对“股东利益”的承诺。

法厅就能看到违背社会准则的例子，如美国政治行动委员会。这些委员会是在大约 30 年前建立的，帮助美国国会成员为其政党和立法者筹集资金，以便在选举中使用。这些钱主要是从说客、公司和特殊利益集团筹集得来，且筹集的钱数限额和个人候选者的捐献限额不同。除了缴税和向美国联邦选举委员会上缴的部分，美国政治行动委员会的钱没有什么使用限制。

你能想象到，美国国会成员已经养成了用政治行动委员会的资金支付与选举无关的开支（保姆的开销、去酒吧的账单，以及科罗拉多滑雪旅行的费用等）的习惯。此外，美国政治行动委员会筹集的数百万美元中只有不到一半的钱被用在了真正参加选举的政客身上；其余的钱被用于不同的地方：筹集资金、日常费用和雇用员工的费用等。正如美国国家公共电台的斯蒂芬·霍恩在节目《商场》上所说的那样:“美国政治行动委员会把资金都用于筹集资金了。”

为了处理政治行动委员会滥用资金的问题，2006 年美国国会选举后通过的第一条法律就是限制美国国会成员可以自由支配资金，强制他们公开钱的流向。但我们也能预测到，立法好像没起作用。就在法律通过的几周后，美国国会成员的行为又像原来那样了：有人用政治行动委员会筹集的钱看脱衣舞女郎表演，一掷千金去派对玩乐，且几乎没有人有记账的习惯。

怎么会这样呢？很简单，过了一段时间以后，当美国国会成员看到其他政客把政治行动委员会筹集的资金用在不正当的地方时，美国国会内的社会准则就急转直下了。渐渐地，美国国会成员就认为政治行动委员会的资金能用于各种个人的和“各领域”的活动，现在，美国政治行动委员会资金的滥用问题，就像在首都工作的人们穿西装戴领带那样平常。正如皮特·塞申斯（得克萨斯州共和党国会成员）在回应他在拉斯维加斯娱乐场所消费几千美元一事时的回应："我已经分不清什么是准则，什么是习惯了。"

你也许会想，美国国会两党分化，这些消极的社会影响会在党派内部存在。如果一个民主党派人士违背了原则，他的行为就只会影响其他的民主党派人士；且共和党派人士的不良行为就只会影响共和党派人士。但根据我在华盛顿特区有限的经验来看，当没有媒体关注时，民主党和共和党的社会行为（尽管两党的观念不同）比我们想的要相似得多。这样就使得任何国会成员的不道德行为都能超越党派的界限，影响其他的成员，不管这些人是何党派。

## 论文工厂

你可能还不知道论文工厂是什么意思，论文工厂是专为高中生和大学生写论文的公司（当然是要收钱的）。这些公司声称，论文工厂是用来帮助学生写出原创性的文章，但从公司网址的字面含义（eCheat.com）就能看出，公司真正的目的很明显。（顺便说一句，该网站的标题行写着"不是作弊，而是合作"。）

教授普遍关心的是论文工厂及其对学生学习的影响。但教授没有亲自使用论文工厂的经验，不知道这种工厂究竟是做什么的，或到底有多好，也很难把握应该有多担心。所以埃兰·格吕奈森（我在杜克大学研究中心的实验室主管）决定与我一同尝试一些有名的论文工厂的服务。我们从几家工厂中订购了一些典型的大学期末论文，我们选的论文题目是“作弊”（吃惊吧）。

我们给论文工厂提的内容要求是：

> 人们何时会作弊？为什么会作弊？请考虑到不诚实行为包含的社会情况；对“作弊”这个主题的思考要深刻。要考虑到欺骗的不同形式（个人的、工作上的等），以及其在欺骗的社会文化中是如何变得顺理成章的。

我们的写作要求是，期末论文是给社会心理学专业的大学生写的，需要写 12 页，包含 15 个参考书目，写作格式按照美国心理学会的要求，2 周内完成。我们认为这种要求是很基本的，也符合惯例。论文工厂要求我们为每份论文提前支付 150~216 美元。

我们 2 周后收到的论文简直就是在胡扯。有几份论文试着模仿美国心理学会论文的格式，但没有一份是没有错误的。引用的内容很牵强，参考书目也很糟糕，其中包括过时的和未知的信息来源：许多内容源自网上的新闻报道、编辑的邮件或博客，另一些则是断开的链接。就写作质量来说，所有论文写作者的英文水平似乎并不高，论文的基本结构也很一般。各个主题段落连接草率，还常是举例形式，即列举不同的欺骗形式，或是用一长串没有分析解释或与论文主题不相关的例子。

想到学生提交从论文工厂买来的论文并不能得到高分，我们就感觉松了一口气。此外，我们得出结论：如果学生的确像我们那样从论文工厂买论文，他们会感到钱是白花了，以后再也不会这么做了。

故事还没说完。后来我们把买来的论文提交到用以检测剽窃情况的网站上，并发现一半的论文都存在大量的抄袭现象。我们决定采取行动，联系论文工厂，并要求退钱。尽管检测剽窃网站上显示论文确实有抄袭，但论文工厂坚持他们没有剽窃。有一家公司甚至威胁要起诉我们，并说他们会和杜克大学的校长联系，告诉校长我们提交的论文不是原创。当然了，我们没收到退款……

底线是什么？教授不应该过于担心论文工厂，至少现在不应该。技术革命还不能帮学生解决论文的问题，学生除了自己写论文外（或许用传统方式抄袭，或用上个学期学生的论文），别无他选。

不过我还是很担心论文工厂的存在，担心这是在向学生发出一种错误的信号，即抄袭在制度上是可取的，不仅在学校是这样，毕业后也会是这样。

## 如何重拾道德？

不诚实具有社会传染性。能在人与人之间相互传播的想法表明，我们需要一个不同的方法来遏制不诚实的现象。我们往往将小的不诚实行为看成是琐碎的、不重要的。小的过错本身也许并不严重，但当小过失在个人、众人和社会群体中积累时，就会发出一种信号：大家都表现不好是可以接受的。从这点来看，认识到一个人犯错不只是他个人的不诚实行为是很重要的。不诚实行为会在人群中相互传染，这种过程有种缓慢的、侵蚀社会的作用，就像“病毒”突变和在人群中传播那样，一个新的、不道德的行为就开始了。而且，尽管这个过程很微妙、很缓慢，最终结果却很糟糕。这就是小欺骗行为的真正代价，也是我们在防止小错误时要变得更加谨慎的原因。

所以，我们能做什么呢？我们可从破窗理论中找到答案，这个理论是 1982 年乔治·凯尔和詹姆斯·威尔逊在《大西洋月刊》发表的一篇文章中提出的。凯尔和威尔逊指出了在危险的社区中保持法纪的重要方法，这个方法并不是简单地增加警力。他们说，如果某人居住在城镇里经济不景气的地方，当这个人看到某栋大楼碎了几块玻璃，还有几块长久未换后，他就特别想再打碎几块玻璃，对大楼及其周围环境造成更多的破坏，让它更破败。基于破窗理论，凯尔和威尔逊为防止蓄意破坏提出了一个简单的方法：在问题不严重的时候就及时解决问题。如果你能立即更换所有破了的窗户（或改正其他不良行为），可能发生不良行为的概率就会降低。

尽管破窗理论很难被证明或被反驳，但其背后的逻辑还是很具说服力的。根据这个理论，我们不应该为自己找借口去忽视小失误或原谅小过错，因为这么做会使事情变得更糟。这点对于那些焦点人物（政治家、公务员、名人和执行总裁等）来说尤为重要。对这些人过高要求似乎不合理，但如果我们认识到大家都关注的行为对我们有更大的影响的话，也就意味着焦点人物的不良行为对整个社会都会有更不好的影响。与上面观点相反的做法是，似乎名人在犯罪后受到的惩罚会比普通人更轻，这可能会让公众感觉：犯罪和不良行为也没有那么糟糕。

好消息是，我们能通过公开表彰抵制不良行为的先进个人来充分利用道德传染性的积极一面，如安然公司的莎朗·沃特金斯、美国联邦调查局的科琳·罗莉和世界通信公司的辛西娅·库珀，他们都是在各自的岗位上抵制不良行为的优秀个人，2002 年的《时代周刊》还将他们选为了年度人物。

诚实对于我们社会道德感的建立很重要，尽管诚实和道德感给人们带来的感觉不同，但如果我们了解社会传染性，就必须认识到将优秀的道德行为广而告之的重要性。在了解了值得嘉奖的行为后，我们可能就能改善社会上那些被认为可接受或不可接受的行为，最终改善我们自身的行为。

The (Honest) Truth
About Dishonesty

# 第 10 章

## 合作性欺骗：
## 为什么安然公司会死于巨大的财务丑闻？

如果你在某个机构工作过，你就会发现团队合作占用了你许多时间。大量的经济活动和决策制定都是通过团队合作完成的。事实上，大多数美国公司都依赖以团队合作为基础的工作方式，现在美国半数以上的雇员每天都会有一部分时间在团队中工作。试想你在过去的6个月内开过的会、参加的项目组和其他的合作经历，你很快就能意识到这些团队活动占据了你多长时间。团队合作在教学中也起到重要作用。例如，大多数工商管理硕士的作业都需要以团队合作的形式完成，很多大学课程也是如此。

人们普遍认为团队合作能对结果产生正面影响，还能提升决策的整体质量。（事实上，很多研究表明合作会降低决策质量，我们以后会讨论这点。）团队合作能增进友谊，提升工作乐趣，还有助于大家分享和拓展思路，这些优点也使得员工变得更有动力和效率。总的来说，人们普遍认为团队合作是百利而无一害的。我们有什么理由不喜欢团队合作呢？

几年前，我在给某个研究生班上课时，讲到我对利益冲突所做的一些研究（见第4章的内容）。课后，一位名叫珍妮弗的学生告诉我，她对课上的讨论很感兴趣，这让她想起了几年前她在一家大公司当注册会计师时发生的事。

珍妮弗说她那时的工作是做年度报表、拟定委托书及其他一些向股东说明公司状况的文件。有一天，她的老板让她及其团队为一位大客户准备一份在年度股东大会上用的报告。准备这份报告需要彻底审查客户的所有财务报表，并确定该公司的财务状况。这项任务的责任很大，珍妮弗和她的团队努力工作，力争做出一份真实可靠、全面详细的报告。她在准备这份报告时力求准确，排除谎报公司收益或是将损失延迟到下一年再计入账目的情况。最后，她将报告的初稿放在老板的办公桌上，（有些不安地）等待他的反馈。

那天晚些时候，珍妮弗从老板那里拿回报告和一张纸条，纸条上面写着“我不喜欢这些数据。请你和你的团队在下周三前再给我一份修改过的报告”。老板“不喜欢”这些数据的原因可能有很多，而珍妮弗也不是很清楚他的意思。此外，“不喜欢”这些数据与这些数据是错误的完全是两码事，而且老板也没指出这些数据是错误的。珍妮弗有很多问题想问：他到底想要什么？我应该把数据改成什么样？改成 0.5%、1% 还是 5%？她也不知道谁将为自己做的所有“修改”承担责任。如果把数据修改得过于乐观，而实际情况却出现下滑，则必须有人对此负责，那么这个人会是谁呢，是她的老板还是她自己？

会计行业是一个工作内容模糊的行业，不过，该行业也有一些明确的规定。然而，所有会计师都需要遵守一个定义模糊的指导体系，即一般公认会计原则（GAAP）。这些指导方针能做出很多解释，这些解释的范畴也非常宽松，以至于会计师会以不同的方式来解释财务报表。（通常会有金钱原因促使会计师在一定程度上“歪曲”这些指导方针。）例如，有一条原则是“真诚原则”，即会计师的财务报告应该“忠实”地反映公司的财务状况。这样的原则确实不错，但“忠实”这种说法不仅很模糊，也很主观，毕竟（生活中或会计行业中）不是所有的事都是可计量的，而且“忠实”的说法也引出了几个问题：会计师是否可以“不忠实”？[①]会计师应该对谁忠实呢？是公司的管理层，还是那些想使报告给人留下深刻印象、看上去就能赢利（看起来能赢利的报告，也能提高做报告的人的奖金和报酬）的人？是公司的投资商，还是那些想知道公司财务状况的人？

珍妮弗的工作非常复杂且工作内容也不明确，现在她又要接受老板提出的难题。在她看来，她做的第一份报告似乎是“忠实”的，但现在，她意识到自己需要在一定程度上歪曲会计原则，因为她的老板想要数据所反映的公司情况更被客户看好。想了一会儿，珍妮弗认为她和她的团队应该按照老板的要求去做，毕竟，老板肯定比她更了解会计行业，也更知道如何与客户打交道及如何达成客户的期望。最后，尽管珍妮弗一开始时想把报告做得尽可能精确，但现在她只得从头做起，重新审查报表、分析数据，并撰写一份“看上去更好”的报告。这次，老板满意了。

在珍妮弗向我叙述完她的经历后，我仍在思考她的工作环境，以及和老板、同事在一个团队工作对她做出进一步“完善”会计报告决策的影响。人们在工作中肯定会碰到珍妮弗这样的情况，但我却看到这次的欺骗发生在团队中，这与我们此前研究过的情况都不同。

---

① 另一条模糊的原则是听上去很奇怪的“审慎原则”，根据这条原则，会计师不应该让情况看上去比真实情况更乐观。

在我们此前对欺骗的研究中，只是某个人决定欺骗他人（即使这个人的不诚实行为是对其他人的效仿）。但在珍妮弗的这个例子中，不止一个人直接参与其中，这也是职场中频繁出现的情况。事实上，珍妮弗很清楚除了她和她的老板外，她的团队成员也会受她的做法的影响。到了这一年的年底，整个团队会以整体的形式接受评估，团队成员的奖金、升职和职业前景都是与此密切相关的。

我开始思考团队合作对个人的诚实程度会有多大影响。当处于某个团队中时，我们的欺骗程度会加大，还是会减小？换句话说，团队环境会使人们更诚实还是更不诚实？这个问题与我们在前一章讨论的主题相关，即人们是否可能从别人那里“感染”欺骗病毒，但社会感染和社会从属并不相同。观察别人身上的不诚实行为，并因此改变我们对可接受的社会准则的认识是一回事；但如果别人的财务收入依赖于我们，那就是另外一回事了。

假设你正与其他同事一起处理某个项目，你未必看到他们做了什么见不得光的事，但你知道，如果你变通一下，他们（也包括你）就会受益。如果你知道他们能从中获利，你会更加不顾原则吗？珍妮弗制作会计报表的经历表明，合作会使我们放松道德感，但是，这种情况普遍存在吗？

在通过实验来研究合作对欺骗的影响之前，让我们先思考一下，团队合作对我们变得不诚实可能存在的积极影响和消极影响。

## 团队合作可能会诱发利他的不诚实行为

我们的工作环境具有社会复杂性，包含许多动因。一些动因可以使团队轻易地将一起合作转变为一起欺骗，在这种情况下，个人作弊的概率可能会升高，因为他们认识到他们的行为能使其喜欢和关心的人受益。

再来思考一下珍妮弗的例子。假设她是一个忠诚的人，也自认为很忠诚；她对自己的老板和团队成员的印象都不错，也真心想帮他们。基于这样的原因，她也许会决定满足老板的要求，甚至会更努力地完成报告。她这样做并不自私，而是在为自己的老板和同事考虑。她会想，“糟糕的”数据也许会使其老板和团队成员失去客户和会计公司的信任，这就意味着对团队的关心可能会加深她犯错的程度。

这种冲动的背后，就是社会科学家所谓的“社会效用”。这个术语描述了人类不理性但充满人性和同情心的一面：即使有可能付出代价，人们也会关心他人，并力所能及地采取行动帮助他人。当然，我们也会考虑自身利益，但我们往往也希望身边的人会受益，尤其是那些我们关心的人。正是这种利他的感觉让我们去帮助汽车爆胎的陌生人，退还在马路上捡到的钱包，帮助无家可归的人，帮助处于困境中的朋友等。

这种利他的想法使做出不道德行为的人的举动变得正常。从这个角度来看，我们可以认为为了他人利益的欺骗是无私的。就像罗宾汉一样，我们欺骗是因为我们是好人，会关心周围人的利益。

## 小心，合作中可能会产生欺骗

在柏拉图的“盖吉氏神话”中，牧羊人盖吉氏发现了一枚能让自己隐身的戒指。拥有这种能力后，他开始了无节制的犯罪。他去了国王的宫殿，勾引了皇后，并与皇后合谋杀害了国王，掌控了整个王国。在叙述这个故事时，柏拉图很想知道是否真的有人能忍住不用隐身的能力。随之而来的问题是，害怕被别人发现是否是防止我们做错事的唯一动因（几千年后，约翰·罗纳德·鲁埃尔·托尔金在《指环王》中对这个问题做了详细描述）。对于我来说，柏拉图的这个神话有力地说明团队合作的环境能抑制我们欺骗的倾向。当我们在团队中工作时，其他的成员就像是监视器，而且，知道自己被监视后，我们就不太会去欺骗了。

梅丽莎·贝特森、丹尼尔·列托和吉尔伯特·罗伯茨（三人都来自纽卡斯尔大学）做的一项设计精巧的实验表明：人们只要感觉被监视了，就能抑制自身不良行为的发生。这项实验是在纽卡斯尔大学心理系的厨房里做的。教授和其他职工能在这间厨房里喝茶、喝咖啡和牛奶等。在沏茶的地方，挂着一个牌子，上面写着“喝茶的人请自觉向旁边的钱箱投一些钱”。10 周的时间过去了，牌子上总会画上一些图画，但每周的图案都会变。有 5 周的时间牌子上画的是花，而其他 5 周画的是一双“注视着人的眼睛”。每周过后，研究者都会数钱箱里的钱数。结果是什么呢？当牌子上画着花时，盒子里会出现一些钱，但当牌子上画着“注视着人的眼睛”时，钱箱里的钱数是之前的 4 倍。

与行为经济学中的许多发现一样，这个实验的结果也是喜忧参半。从消极的方面看，它表明即使是心理系的教职员（他们本应该意识到这些）也想要不付钱就走人。从积极的方面看，当感觉自己被监视时，人们会表现得更诚实。实验还表明，我们并不是很需要已被充分发展的奥威尔式方法，即“老大哥在看着你呢”，更为微妙的、给人以被注视的感觉的提示就能有效地增加人们的诚实度。也许，在珍妮弗老板的办公室墙上挂一个画有“注视着人的眼睛”的警示牌就能改变他的行为。

在思考珍妮弗的情况时，弗朗西斯卡·吉诺和我开始好奇不诚实行为在团队合作的环境中是如何运作的。监视真的能减少欺骗行为吗？团队中的社会联系会提升利他主义和不诚实度吗？如果监视和团队中的社会联系这两种动因从相反的方向对人们施加影响，哪种力量会更强大呢？为了阐述清楚这些问题，我们再次使用矩阵实验。实验包括基本的控制条件（此条件下，不可能存在欺骗行为）、粉碎机条件（此条件下，可能发生欺骗行为）和一个往粉碎机条件中加入了合作因素的新条件。

作为探究团队影响的第一步，我们不想让合作者有机会讨论他们的策略或成为朋友，所以，在我们设计的合作条件下，团队的两名成员间互相不认识，也毫无联系，我们将这个条件称为远距离团队条件。假设你是远距离团队条件下的一名参与者，就像普通的粉碎机条件，你坐在书桌前用 2 号铅笔在 5 分钟内尽量多地解决矩阵问题。时间一到，你就可以走到碎纸机前粉碎答卷。

至此，这些步骤和基本的粉碎机条件都一样，但现在我们引入了合作因素。实验人员会告诉你，你是某个两人团队中的一员，且你们俩将平分团队得到的总报酬。实验人员指出，你会得到一张纸片，可能是蓝色的，也可能是绿色的，纸片右上角印有数字。之后，你需要在屋子里走一圈，找出与你的纸片颜色不同但右上角的数字相同的人。找到合作者后，你们就可以坐在一起，然后两个人都在纸片上写下各自正确解决的矩阵数。接下来，你需要在你的纸片上写下你的同伴正确解决的问题数。最后，你将数字相加，作为评估自己表现的依据。在完成这些步骤后，你们要一起走到实验人员那里，把各自的纸片交上去。既然你的测试纸被粉碎掉了，实验人员就没办法检测你上报数据的真实性。所以，他会以你上报的数据为依据给你报酬，之后，你们俩就可以平分报酬了。

你是否会认为这种条件下的欺骗程度比个人在粉碎机条件下的欺骗程度更高？我们得到了这样的结果：当参与者知道夸大自己正确解决的问题数能让自己和他人都受益时，欺骗程度往往会更高，比知道受益者只有自己时多了 3 个。这个结果表明，知道结果有利于他人时，人们就会做出欺骗行为，即使我们并不认识这个受益的人。这样看来，即使是利他主义也有阴暗的一面。

这并不是一个好消息，但事实的全部并不是如此。

谈论了团队合作的一个不利面（即当别人甚至是陌生人能从我们的欺骗行为中受益时，我们往往会变得更不诚实）后，我们想将实验的视角转向合作的有利面，看看当团队成员相互监视时会发生什么。假设你和其他几位参与者在某个房间里，这些参与者你都没见过，但需要任意地与其中一位搭配成两人团队。幸运的是，你和一位面善的年轻女士一组。在和她交谈前，你需要绝对安静地完成矩阵任务。你是第一位参与者，所以矩阵任务从你开始测试。在解决了第一个矩阵问题后，开始解决第二个和第三个问题，与此同时，你的同伴一直在你解决问题时看着你，当然，还有你回答不出来问题的时候。5 分钟过后，你轻轻地放下铅笔，而你的同伴拿起铅笔开始做矩阵题，此时，轮到你看着她做。时间一到，你们一起走到碎纸机前粉碎了试卷。然后，两个人在同一张纸片上分别写下自己正确解决的矩阵数，再把两个数加起来，得到你们的总分。最后，你们走到实验人员的书桌前拿走各自的报酬。在整个过程中，你们之间没有任何语言交流。

我们这次得出的欺骗程度又如何呢？没有欺骗！尽管我们在反反复复的实验中观察到人们有欺骗的普遍倾向，尽管我们知道当别人能从自己的欺骗行为中受益时会有欺骗的倾向，但严密地监视能使他们不再欺骗。

到目前为止，我们的实验表明：欺骗行为的背后有两种动因在起作用。当团队成员能从人们的不诚实行为中受益时，这种利他的倾向使人们的欺骗程度加大，但直接监视能减少不诚实行为，甚至将其完全排除。若这两种动因同时存在，问题又产生了：在更为日常的团队合作中，哪种动因的影响更大呢？

为了回答这个问题，我们需要设定一个能使团队成员间的交流更为真实和平常的实验环境。你可能已经注意到了，在前两个实验中，参与者之间没有真正的交流，但在日常生活中，讨论和友好地交谈是团队合作中不可或缺的一部分。我们希望能将这个重要的社会因素增加到实验中来，因此，我们又设计了一个实验。这次，参与者能相互交流，相互了解，成为好朋友。为了帮助他们打破沉默，我们甚至为他们准备了一些可以互相提问的问题。接下来，他们需要轮流监督对方做矩阵题。

遗憾的是，当我们将这个社会因素加入实验后，参与者的欺骗行为又多了起来。在两种因素同时对参与者施加影响后，参与者多报了 4 个矩阵题。所以，利他主义能提升欺骗程度，直接监视能减少欺骗程度，但当团队成员有机会彼此交流并受到监视时，利他主义的影响就会大于监视的影响。

## 长期的合作关系是利大还是弊大?

多数人都认为，我们与医生、会计、金融顾问和律师等人的关系越长久，这些人就越有可能关心我们，也就越有可能将我们的利益放在首位。例如，想象你刚从医生那儿得到（初步）诊断结果，并需要在两种诊断方案中做出选择：一种是昂贵的积极治疗，另一种是暂缓治疗，即检测你的身体，看你的身体如何抵御疾病以及如何痊愈（“等待观察”是这种诊断方案的专业术语）。对于你来说，这两种选择哪个更好并没有绝对的答案；但对于医生来说，病人选择昂贵的积极治疗显然可以给医生带来更多收益。现在，假设你的医生告诉你，你应该选择积极治疗的方案，并且，最迟下周就应该开始治疗。你会遵从医生的建议吗？或者，你会考虑到利益冲突，认为医生的建议不可靠，从而选择第二种方案吗？面临这种两难的选择时，大多数人都会非常相信为他们提供服务的人，而且与这些人认识得越久，就越会相信他们。毕竟，如果我们和给出建议的人已经认识了很多年，他们就会更关心我们，会从我们的角度出发，给我们提出更好的建议。

然而，另一种可能是，随着这些专业服务的提供者与我们的关系加深，他们在推荐以自己的最佳利益作为考量的治疗方案时，会有意无意地变得更坦然。珍妮特·施瓦茨（杜兰大学教授，她曾和我一起与医药代表共进晚餐）、玛丽·弗朗西斯·鲁斯（杜克大学教授）和我曾试着解决这个问题。在研究之前，我们真心希望随着专业服务提供者与客户关系的深入，这些专业人士能多为顾客的利益着想，较少考虑自身利益。然而，我们得到的结果正好与此相反。

我们通过分析近 12 年来数百万个牙科手术病例，来探究这个问题。我们看了许多补牙的例子，主要是看补牙的材料是银汞合金还是烤瓷。你也知道，银汞合金持久耐用，造价低；而烤瓷虽昂贵易碎，但外形美观。所以，在镶门牙时，美观往往比实用更重要，烤瓷会是更好的选择；而在镶不易看见的后牙时，银汞合金应该是首选。

我们却发现有 1/4 的病人在镶后牙时，选用了美观昂贵的烤瓷而不是更为实用的银汞合金。牙医在做决策时，把自身利益（较高的首付款和频繁的修复）放在了病人的利益（较低的花费和效果持久的治疗）之上，是造成这种情况最可能的原因。

更糟的是，我们还发现病人看同一个牙医的时间越久，这种倾向就越明显（其他手术同样如此）。这就表明牙医和病人相处得越融洽，他们就越容易向病人推荐能使自己得到更多利益的治疗方案。对于长期接受治疗的病人来说，基于他们和牙医间的关系产生的信任，会更容易接受牙医的建议。①

该实验的结果就是，继续保持相互关心、不断深入的医患关系，无疑能为我们带来很多好处，但与此同时，我们也应该意识到这些长期关系可能导致的代价。

① 牙医这么做是有目的的吗？病人知道他们因为自己的信任而受到惩罚了吗？他们这么做很可能不是有意的，但不管是否是有意的，这么做都产生了问题。

图 10–1 展示了我们目前对合作性欺骗的了解：

**图 10–1 合作性欺骗**

别急，还不止这些呢。在最初的实验中，作弊者及其同伴都能从谎报的数据中受益。所以，如果你是这个实验的作弊者，并且多报了一个正确解决的矩阵数，你与你的同伴就可以平分多得的这部分钱。平分得来的钱肯定比你只为自己的利益作弊时得到的少，但你仍然能获得一定的利益。

为了研究完全利他的欺骗，我们又设置了一个条件。在该条件下，参与者作弊后的受益者只有他们的同伴。我们得到的结果又是什么呢？结果是，利他主义的确是欺骗背后强大的动力。当欺骗纯粹是为了使他人受益，且欺骗者从自身的欺骗行为中得不到任何利益时，参与者谎报的程度会变得更高。

为什么是这样呢？我认为，如果我们自身和我们的同伴都能从欺骗中受益，这样的欺骗就是出于一种利己与利他的动机。相反，当别人且只有别人能从我们的欺骗行为中受益时，我们就更易于将自己的不良行为合理化，还会放松自己在道德上的要求。毕竟，如果我们所做的事完全是为了他人的利益，那我们就真的有些像罗宾汉了。[①]

最后，我还想更加明确地谈谈在这一系列控制条件不同的实验中参与者的表现。在每个能作弊的条件下（个人的粉碎机条件，团队的粉碎机条件，远距离团队的粉碎机条件，交流团队的粉碎机条件和利他的有报酬的粉碎机条件），我们都设置了一个控制条件，且在此控制条件下没有作弊的机会（即没有粉碎机）。透过这些不同的控制条件，我们就能看到合作的本质是否会影响到人们的表现。我们发现：在所有控制条件下，人们的表现都是一样的。我们的结论是什么呢？当人们在团队中工作时，他们的表现不一定会有提高，至少不会有我们想象中的提高。

当然，我们的生活离不开别人的帮助，合作是我们生活中很重要的一部分。但显然，合作是一把双刃剑。一方面，它能增加工作的乐趣，让成员更忠诚，更具动力；另一方面，它会增加产生欺骗的可能。可悲的是，也许那些对同事最为关心的人就是最有可能去做出欺骗行为的人。当然，我不是说我们要取消团队工作、停止合作，或不再相互

① 基于这些结果，我们可以猜测，在某些机构（例如政党和非营利性组织）工作的人可能更会习惯于不遵守道德规范。因为他们这么做是有正当原因的，他们是为了帮助别人。

关心。但我们的确需要认识到合作和建立亲密关系是需要付出代价的。

## 可笑的合作

如果合作会让人变得更加不诚实，那我们应该做些什么呢？一个显而易见的回答就是要加强监视。实际上，政府监管者在处理企业的不当行为时，通常都会采取这种方法。例如，安然公司的灾难引起了政府的关注，进而出台了被称为《萨班斯法案》的一系列财务报告监管规定，2008 年金融危机同样促使政府出台了一套更完备的条例（大部分条例出自《多德–弗兰克华尔街改革和消费者保护法案》），这些条例的制定都是为了规范并提高金融市场的监督机制。

在某种程度上，监督的有效性是毋庸置疑的，但我们的实验结果清楚地说明，只是加强监督力度不太可能遏制住我们将自己的不诚实行为合理化的能力，特别是在他人能从我们的不当行为中获利的时候（更不用说遵从这些条例需要付出大量的钱）。

在某些情况下，不去增加一层又一层的监管，而是将目标锁定在改变团队合作的本质上可能就会更有效。最近，我从前教过的一位名叫吉诺的学生就针对这个问题在一家国际银行实施了一个有趣的解决方案。为了避免他带领的信贷员团队在合作时出现不诚实的做法（例如，将贷款价值记录得更高一些，进而使短期利润看起来更大），他设置了一个特殊的监视体系。他告诉这些业务员，另一个团队会检查他们的操作过程并审核贷款申请。这个团队与信贷员团队从没有社交联系，其成员也没有动机去帮信贷员团队。为了确保这两个团队不在一起工作，吉诺将他们分置于两栋不同的办公大楼中，并确保他们之间没有直接接触，且各个团队成员相互间也不认识。

我想从吉诺那里要一些数据来评估他的方法是否成功，但这家大银行的律师不让我这么做。因此，我无法知道这个方法是否可行，也不知道这些业务员对这种安排有何感受，但我推测这种方法至少会产生一些效果。这么做可能会减少信贷员工作中的乐趣，也可能增加他们做决策时的压力，但这样做的成本必定不便宜。然而，吉诺告诉我，大体上增加这个客观、匿名的监督因素似乎在伦理、道德以及道德底线上都有积极的作用。

显然，我们也想不出什么高招来解决团队中的欺骗这一复杂的问题。但总的来说，我认为我们的实验结果对各类组织有重要的提示作用，毕竟合作在日常生活的各个专业领域中都占有重要地位。如何在社会环境下对不诚实行为的范围和复杂性进行更深入的了解，也很让人苦恼。不过，了解合作中可能存在的缺陷后，我们就能更好地改正不诚实行为了。

The (Honest) Truth
About Dishonesty

# 第 11 章

# 一个喜忧参半的结局：我们的行为不理性也不完美

通过这本书，我们能看到诚实和不诚实都是基于两种截然不同的动机。一方面，我们想要从欺骗中获利（这是理性经济动机）；另一方面，我们希望仍将自己视为好人（这是心理动机）。你也许认为我们不能同时实现这两个目标，就如鱼和熊掌不可兼得一样，但本书中提出的经验系数理论表明，人们灵活的推理能力和将事物合理化的能力能使我们做到这一点。基本上，只要我们欺骗，哪怕只是小骗局，我们就能同时实现这两个目标（一部分），既得到一些利益又保持自己积极的形象。

我们能看到，一些动因如欺骗后能得的钱、被抓的可能性等，对人们的影响比我们预期的要小得多。而另一些动因对人的影响则超出了我们的预期：例如道德提醒、得到报酬要经历的步骤、利益冲突、精神耗竭、假冒的品牌、假的成就提醒、创造力、看见别人不诚实的行为，以及关心团队成员等。

这里列举的实验都是研究不诚实行为的，但我们还是有必要记住一点，即实验中多数的参与者都是著名大学的优秀学生，他们将来的工作很有可能都是重要且有影响力的。人们往往也不会将他们与作弊和欺骗联想到一起。可是事实上，他们和你、我及这个星球上的任何生物都一样，都会作弊。

尽管这本书的实验都是关于不诚实的行为，但半数的实验结果都表明人类比标准经济理论预测的更有道德感，你也许觉得这种说法有些悲观。但从纯粹且理性的（理性犯罪简单模式）角度出发，我们实际上欺骗他人的程度还很低。考虑一下，最近几天你有多少次欺骗且不会被抓的机会。也许你的同事出去开会时，将钱包忘在了桌上；也许咖啡馆里的某个人在去洗手间时，请你帮她看管笔记本电脑；也许是杂货店的收银员漏算了你买的一件物品，或你在一条无人的街道旁发现了一辆没上锁的自行车。在以上所有情境中，若真处于理性犯罪的简单模式下，你会拿走钱、笔记本电脑、自行车，或会对收银员漏算的金额视而不见。然而，我们每天都放弃了很多这样的机会，也没想过应该抓住这些机会。这意味着，我们在提高道德品质方面的起点还是很高的。

## 谁才是“真正”的骗子？

我们所有测试中的参与者，人数加起来应该有几千人了。偶尔，我们也会遇到非常贪婪的骗子，他们想得到尽可能多的钱。例如，在矩阵题数为 20 个的实验中，我们虽然没碰到过称自己解决了 18 个或 19 个的人，但有一次，有位参与者称自己正确地解决了全部 20 个矩阵题。确实有一些人在做了成本—效益分析后，决定尽可能多地带走钱。但值得庆幸的是，这样的人并不多。他们似乎只是个别情况，不是普遍存在的，因此，我们只损失了几百美元。（这么多钱不至于让人惊讶，也不是很糟糕。）同时，大多数参与者只谎报了为数不多的数目，但因为这样的参与者有成千上万，我们损失的钱也有成千上万——比贪婪的骗子得到的钱多得多。

我觉得，从贪婪的骗子和小骗子给我带来的财产损失来看，我们的实验能大体上表示出社会中的不诚实现象。很少有人会大范围地偷盗，但到处都有小打小闹地行骗的人。他们通过多报自己工作的时间，申请保险索赔时夸大自己的损失，给别人推荐不必要的治疗方案等方法行骗。公司也有许多占小便宜的手段。例如，信用卡公司不给出明确的原因就小幅提高利率，收取各种隐藏的费用和罚款（在公司里，这些费用和罚款通常被称作“附加税”）。或者，银行总会在处理支票时表现得不积极，这样就能多保留一两天储户的钱，还会对透支收取保护费，或对使用自动取款机收取额外的费用。所有这些都说明，关注恶性的不良行为显然很重要，但抑制那些程度虽小却普遍存在的欺骗可能更重要。因为这种欺骗在大多数时间都对我们有影响，我们既可能是欺骗他人的人，也可能是受骗者。

## 哪个国家或地区的人最爱撒谎？

我经常旅行，途中也认识了许多来自世界各地的朋友。每次旅行时，我常会问这些朋友关于他们国家里诚实和道德的问题。因此，我开始明白文化差异（无论是地域、国家或是企业的文化差异）对不诚实的影响。

如果你不是在美国长大，就请思考一下这个问题：与美国人相比，你们国家的人的欺骗程度会更高或更低吗？在问了许多国家的人这个问题后，我发现人们总会相信自己国家的人更爱欺骗他人，大多数人还认为他们国家的人比美国人的欺骗程度高（加拿大和北欧国家的人不这样认为，但这也比较符合常理）。

我明白这些只是人们的主观印象，但也非常想知道实际情况与他们的猜测是否相吻合。所以，我决定更直接地测试这些文化感知。为了探究文化差异，我们首先需要统一各地区的金钱动因。如果我们总是在参与者答对一道问题后给他们与一美元等价的钱，就可能造成报酬在一些地区高，在另一些地区低的情况。我们开始时想到的统一报酬的方法是使用一种全世界都认识的商品，例如麦当劳的汉堡。根据这种方法，参与者每解决一个方阵，就能得到一些钱，钱数是所在地区麦当劳汉堡价格的 1/4。（这种方法的前提是假设制定麦当劳产品定价的人，了解当地人民的经济购买力，并依此定价。）

最后，我们决定使用“啤酒指数”，这与上面提到的方法相似。我们在各地的酒吧卖啤酒，而参与者每解决一个矩阵，我们支付给他们的钱是一品脱[1]啤酒价钱的 1/4。（为了确保我们的参与者是清醒的，我们在他们刚进酒吧的时候就进行了实验。）

因为我是在以色列长大的，所以特别想知道以色列人的欺骗程度如何（我承认，我曾认为以色列人会比美国人的欺骗程度高）。但结果表明，以色列的参与者在矩阵实验中的欺骗程度与美国人是相同的。我们又决定在别的国家试试。我有一位同事名叫王雪丽，是位中国人，她确信中国人比美国人的欺骗程度要高。但这一次，我们测得中国人的欺骗程度与美国人并无不同。弗朗西斯卡·吉诺来自意大利，

① 1 品脱≈ 0.568 升。——编者注

她也非常肯定意大利人的欺骗程度会更高，她用迷人的嗓音说道："去意大利吧，那里的人会告诉你什么叫作真正的欺骗。"但是，她也错了。在土耳其、加拿大和英国的情况同样如此。事实上，每个国家的欺骗程度似乎都相等，至少我们测试过的国家全都如此。

许多国籍不同、文化也不同的人强烈地认为不同国家的欺骗程度是不同的，但我们的实验并没有发现欺骗程度在这些不同的国家和文化中有较大的区别，我们该如何解释这样的情况呢？另外，实验结果显示的欺骗程度相同，但现实生活中不同国家、不同文化间的贪污腐败程度却明显不同，这又该如何解释呢？我想，这些观点都是正确的。我们的数据反映了欺骗中重要且真实的方面，但文化差异同样也反映了这一方面。下面的内容就是原因。

我们的矩阵测试，并不存在于任何文化环境中。也就是说，它不是任何社会或文化环境中固有的元素。因此，它测试的是人类一些基本的能力：道德上的灵活性及重新定义自身情况和行为，以希望能反映出自己积极的一面。另外，我们的日常活动则错综复杂地根植于文化背景之中。文化背景可能从两个主要的方面来影响不诚实行为：它能决定人们参加的某些特定活动是否超出道德界限，还能改变在任何特定领域都可接受的经验系数。

以作弊为例。在美国的大学里，人们十分重视作弊问题，但在其他文化中，作弊被视为学生与老师之间玩的扑克牌游戏。在这些文化中，作弊被抓比作弊本身的影响更不好。同样，在一些社会中，不同种类的欺骗，例如逃税、婚外情、非法下载软件和周围没车时闯红灯等都不被赞同，但在其他一些社会中，这些行为被视作中性行为，人们甚至对此夸夸其谈。

当然，无论是从能够降低不诚实行为的社会影响来看，还是从会使不诚实与腐败行为更加猖獗的社会动因来看，我们还需要了解更多文化对欺骗的影响。

更加应该补充的一点是，我应该指出在我所有的跨文化实验中，有一次我们发现了不同点。雷切利·巴肯和我在位于华盛顿特区的一家酒吧里做了一次实验，许多美国国会的工作人员都爱在这家酒吧喝酒。我们又在纽约市的一家酒吧进行了同样的实验，而华尔街的银行家们则是这家酒吧的常客。酒吧就是我们发现文化差异的地方。你认为谁的欺骗程度更高，是政治家还是银行家？我敢肯定是政治家，但实验的结果却恰恰相反，银行家欺骗的程度是政治家的两倍。（但在开始怀疑你的银行朋友，相信你的政治朋友之前，你应该考虑到我们测试的政治家都是年轻的政治家，大多是美国国会的工作人员。所以，他们的成长与发展的空间还很大。）

## 欺骗与不忠

可以肯定的是，所有关于欺骗的书中都会提及婚外情以及人们因为不忠而编造的各种复杂的托词。毕竟，在时下的流行语中，欺骗似乎就是不忠的代名词。

实际上，不忠可以被视作世界上最具戏剧性的娱乐源泉。如果当今的婚姻不忠者，例如伊丽莎白·泰勒、查尔斯王子、老虎伍兹、布拉德·皮特、艾略特·斯皮策和阿诺德·施瓦辛格等，若他们没有欺骗其爱人，娱乐杂志以及各种报道娱乐新闻的机构就可能会面临破产（可以这样说）。

根据经验系数理论，不忠最可能是我们已谈到的不诚实行为所包含的所有特点的原型。首先，它没有成为成本—收益分析行为的典型（至少是典型的一种）。我还认为，不忠的倾向很大程度上依赖于我们将自身行为合理化的能力。其次，一个小的行为可能是一个吻，也可能是使我们在将来做出更加不忠行为的动因。远离日常生活，例如在随他人一同出游这种社会规则不明确的情况下，我们将不忠行为合理化的能力也会进一步提高。最后，具有创造力的人，例如演员、艺术家和政治家等（他们都被认为具有不诚实倾向），更加擅长编造其行为为什么是合理且可行的理由。不忠与其他类型的不诚实行为相似，都会受到我们周围人行为的影响。如果某个人结交的朋友中，很多都发生了婚外情，那么这个人就更容易受到影响，也就更容易在感情上发生不忠。

不忠与欺骗有着细微的差别，它很复杂，且从社会的角度看也很重要。你可能会好奇为什么本书不分出一个章节来写不忠？为什么只用这样一小段来描述这个如此吸引人的话题呢？问题出在数据上。我通常喜欢依照实验和数据来下结论，而进行有关不忠的实验几乎是不可能的，因为我们很难去评估关于人的本性的数据。这意味着，关于不忠的问题，我们只能靠猜测。

## 我们应如何面对不诚实?

我们周围充满了不诚实的行为。正如名叫E. 卡里的药剂师在1873年写的诗：

欺骗，欺骗，无所不在，
以不同的形式，有不同的程度。
人若不欺骗，
必定在撒谎。
做慈善是为了掩盖欺诈，
慈善事业将骗子聚集在了一起。
无论是在国内还是在国外，我们都会被骗，
走到哪儿，骗到哪儿，
这个世界充满了骗子。
这个世界又是由不诚实的人来管理，
一个骗子走了，另一个骗子又来了，
于是，我们一次又一次地被骗。

药剂师卡里，《骗子家族回忆录》

就像我们看到的那样，我们都会欺骗，也很善于为自己的行为编借口，但这么做并不代表我们不诚实或不道德。更糟糕的是，我们还喜欢“抓住”别人谎言中的漏洞不放。另外，一旦我们有不诚实的行为，就很有可能一直出现不诚实的行为。图 11–1 展示了造成不诚实的动因。

所以，对于不诚实的行为，我们该做些什么呢？最近，我们遭遇了一次严重的财政危机。这次危机为我们研究人类弱点以及不理智，对我们生活和整个社会的影响提供了绝佳机会。为了应对这场人为灾难我们采取了一些行动，对自己不理性的倾向也做出了让步，还重新对市场的运作方式进行相应评估。理性的根基已被动摇，在对不理性行为有了进一步的理解后，我们还应重新构建全新的经济结构，因为全新的经济结构将有助于我们在将来避免类似的危机。

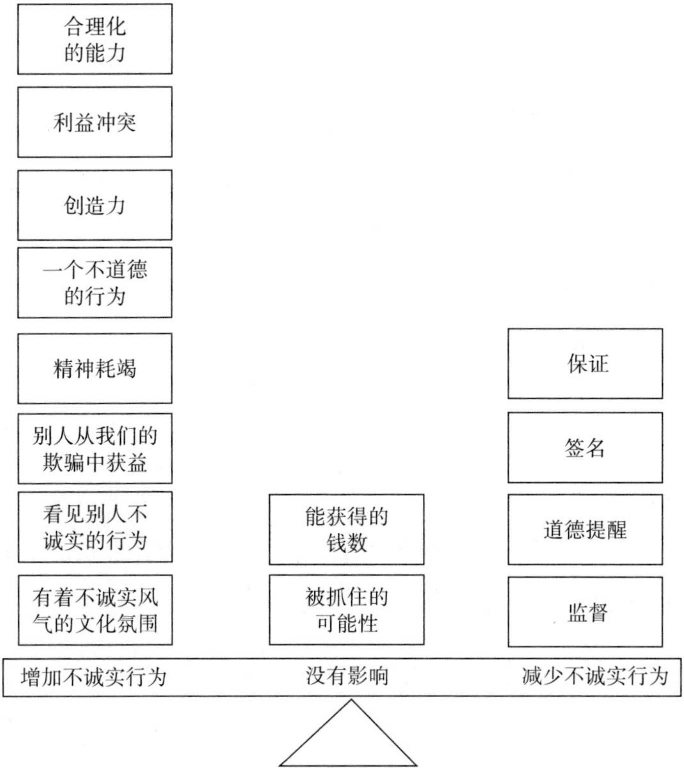


图 11–1　造成不诚实的动因

## 死亡警告的现代版本

我们可以从罗马时期的银行业务与现代的银行业务之间，找出许多可能的联系，但其中最重要的也许就是死亡警告了。在罗马政权达到顶峰时，取得了重大胜利的罗马将军会在城市中心威武地游行，并展示他们的战利品。将军穿着紫金相间的衣服，头戴桂冠，脸涂红脂。他们坐于宝座之上，被抬着穿过城市。百姓向他们致敬、欢呼、赞美。但这种庆典还有一点：将军旁边会站着一个俘虏。为了避免将军被胜利冲昏了头，这个俘虏需要不停地在他耳边说道："memento mori"，意思是"记住，你也会死。"

如果由我来创造这个短语的现代版本，我可能会选"记住，你也会犯错"或是"记住，你也有不理性之时"。无论这个短语是什么内容，认识自己的缺点对于做出更好的决定、创造更好的社会、完善我们的体系来说，都是至关重要的第一步。

也就是说，我们的下一步是尝试着找出更为有效和实际的方法来战胜不诚实行为。商学院将思想道德纳为课程，公司要求员工听完整场行为准则研讨会，政府也有其披露政策。只要是对世界上的不诚实状况有所了解的人就会知道，这些对策的效果并不是很好。本书的研究还表明，这样类似"创可贴"的方法注定是会失败的，失败的原因也很简单，因为不诚实的心理原因并没有被考虑在内。毕竟，每一个政策与法规都是用来防止欺骗的，它们针对的是某些需要做出改变的行为与动机。一般来说，当有干预出现时，人们会认为是理性犯罪的简单模式在起作用。但正如我们看到的那样，这个简单的模式与欺骗背后的推动力并无多大关联。

如果我们真的对抑制欺骗有兴趣，我们应该设置什么样的干预方式呢？到现在为止，我希望大家都能明白，如果真有可能抑制不诚实，我们应该先了解人们最初表现不诚实的原因是什么。以此作为起点，我们就能想到更为有效的补救措施。例如，我们都知道人们普遍想做诚实的人，但也会受到不诚实带来的利益诱惑。基于这个认知，我们就可以在人们受到诱惑之时提醒他们要有道德感。从前面的实验中我们已经看到，这个方法尤其有效。同样的，在了解了利益冲突以及利益冲突对我们有着多深的影响之后，我们就应看到我们需要避免和控制利益冲突，绝不能让利益冲突越演越烈。此外，我们还需要清楚环境以及心理和生理的耗竭对不诚实的影响。当然，一旦我们了解了不诚实的社会传染性，我们就能从破窗理论中找到治疗社会传染性的良方。

有趣的是，我们已经有了许多规范道德和克服“管他呢”效应的社会机制。这些社会机制涉及范围广泛，从天主教的忏悔到犹太人的赎罪日，从伊斯兰教的斋月到每周的安息日，为我们提供了整理思路、不再堕落、重获新生的机会。（无神论者在许新年愿望、生日愿望、换工作及结束一段感情时也获得了“重新规范”的机会。）最近，我们进行了一些基本实验来研究这些“重新规范”方法的有效性。（使用了类似天主教忏悔的方法，不过与宗教无关。）以目前的研究结果来看，这些方法似乎可以成功地抑制“管他呢”效应。

以社会科学的角度来看，宗教已发展出能抵消社会中潜在的消极倾向的功能，包括人们不诚实的倾向。宗教和宗教仪式以不同的方式，对人们应有的道德责任感进行提醒。例如第 2 章中，穿着带流苏背心的犹太人；另外，穆斯林每天都会一边拨动被他们称作泰斯比哈的念珠，一边数真主的 99 个尊名；印度教也有每日祷告和忏悔祷告；还有其他很多宗教也以各种各样的方式对人们进行警示，其作用就像我们实验中的《十诫》那样。

既然这样的方法有用，我们或许该考虑在商界和政界建立起相关的机制（即使是非宗教的）。也许，我们应该让公务员和商业人士用道德准则起誓，甚至偶尔进行忏悔。也许，这种长期重复的起誓和忏悔可能使潜在的骗子注意自己的言行，改过自新，其自身的道德感也能增强。

几年前，我在某个会议上遇到了一位女士，她为我讲了一个关于“重新规范”的更为生活化（也更为讲究）的例子。这位女士的姐姐住在南美洲，某天，她的姐姐发现她的女佣隔几天就会从冰箱里偷一点儿肉。姐姐并没有那么介意（除非做饭时肉不够用，她才会感到郁闷），但她显然需要做点什么。她先给冰箱上个锁，再告诉女佣，她怀疑有人不时地偷冰箱里的肉，所以只想让该女佣和她自己保管钥匙。此外，她还以增加了女佣的职责为由为她涨了一些工资。在增加新角色、新规则，并加强控制以后，偷盗的情况停止了。

我认为，这个方法之所以有效有很多原因。首先，这个女佣养成偷盗习惯的方式很像我们已经讨论过的欺骗行为。也许，她的偷盗只是起源于一个很小的行为（“我只在打扫的时候拿走一点儿肉”），但偷过一次之后，再继续这样做就变得更轻松了。这位女士通过锁上冰箱和让女佣承担额外的职责，为女佣提供了“重新规范”其诚实水平的方法。另外，让女佣保管钥匙也是使女佣不再偷肉，使家中形成诚实的社会规范的重要因素。最重要的是，现在，打开冰箱必须得用钥匙，因此，人在做出偷盗行为时必须深思熟虑，蓄意性更强，将这个行为合理化也就更难。这与我们迫使参与者将鼠标移到电脑屏幕的下方，才能看到答案（参见第 7 章）类似。

关键的一点在于，我们越是发展和采纳这样的机制，就越能克服不诚实的行为。克服不诚实的行为向来都不是一个简单的问题，但我们有可能做到。

值得注意的是，改过自新在各个社会阶层均有可能发生。南非的真相与和解委员会，就是这样的例子。成立这个类似于法院的委员会的目的，是想将几十年来一直压迫大多数南非人的种族隔离政府迅速引向一个民主的新的开始。委员会的做法与其他消除消极行为的方法一样，先调停，再给予机会重新开始，其目的是和解，而不是惩罚。我确信，没有人会认为该委员会抹去了人们对种族隔离时期的所有记忆，或是抚平了种族隔离带来的不可磨灭、难以痊愈的伤疤，但它能使我们明白，承认自己不好的行为并请求谅解是我们通往正确道路上非常重要的一步。

最后，让我们从更为广泛的角度来重新审视学到的关于不诚实的知识，看看这些知识对我们了解理性与不理性有什么帮助。我们能从不同的章节中看到，一些被认为会引发自己不诚实行为的理性动因并不是真正的原因。而一些被认为不会引起不诚实行为的非理性动因，才是真正导致人们不诚实的原因。我们在识别哪种原因起作用，哪种原因毫不相关方面的无能，在我们有关决策制定和行为经济学的研究中非常常见。

从这个角度来看，不诚实是我们变得不理性的先兆。它普遍存在，我们无法本能地懂得自己为何会不诚实，最重要的是，我们无法看到自身的不诚实。

幸运的是，我们在面对人性弱点（包括不诚实）时，并非是无助的。一旦我们对造成自身不完美行为的真正原因有了更好的理解，我们就能发现控制自身行为并使结果更好的方法。这就是社会科学真正的目标。我确信，探究人类行为的旅程会在未来几年内变得更加重要和有趣。

你不理性的朋友

丹·艾瑞里

# 致　谢

我感觉撰写学术论文让我很有成就感，也很刺激，但我每天体验到的乐趣主要来自和我一起工作的研究员与朋友，他们都很棒，总能想出新办法，还会设计实验，找出什么在实验中起作用，什么不会起作用，他们还能分析出实验结果的意义。本书中描述的实验，主要是我同事的智慧和努力的结晶，我很荣幸能和他们一起探索不诚实的话题，这也让我对这个重要且有意思的话题有了一些认识。

此外，我要感谢广大的社会科学家。社会科学是一门很有意思的学科，在社会科学的领域，新的想法层出不穷，有大量的实验数据做支撑，还会不断地修正理论（只是修正某些理论）。我每天都能从一起工作的研究员那里学到新的知识，这也让我体会到自己知识的不足。

我已经写过好几本书了，有人会说：现在我应该知道自己在做什么了吧，但事实上没有别人的帮助，我根本无法取得这样的成绩。我最要感谢帮助我撰文的艾琳·阿林厄姆，帮我整理思路的布朗温·弗莱尔，指导整个过程且极富魅力和幽默感（这种性格在编辑中很少见）的克莱尔·魏可丹，不断对我进行鼓励的伊丽莎白·佩雷拉和凯瑟琳·本特纳。莱文·格林伯格代理公司的小组成员也总是竭尽全力地帮助我。还有埃兰·格吕奈森，他给我提出很多建议，有些建议非常有见解，而有些建议却能把我逗乐。我也很感谢阿尼亚·亚库克、索菲亚·崔和卡西·金策。特别的感谢要献给我的军师、左右手和密友：梅根·霍格提。

最后，我要感谢我的妻子苏米，没有她就没有我现在的成绩。成为和我一起生活的人并不容易，因为我的生活很不规律，工作起来又很疯狂。苏米，今晚我回家后，会把那几个箱子搬到阁楼上去。不过，我很可能会很晚回家，所以还是明天再搬吧。好吧，我保证，这个周末一定搬。

爱你的丹

图书在版编目（CIP）数据

发现心流：日常生活中的最优体验 /（美）米哈里·契克森米哈赖著；陈秀娟译 . -- 北京：中信出版社，2018.1（2026.1 重印）

书名原文：Finding Flow: The Psychology of Engagement with Everyday Life

ISBN 978-7-5086-7554-1

Ⅰ . ①发… Ⅱ . ①米… ②陈… Ⅲ . ①心理学－通俗读物 Ⅳ . ① B84-49

中国版本图书馆 CIP 数据核字（2017）第 094897 号



发现心流：日常生活中的最优体验

著　　者：[ 美 ] 米哈里 · 契克森米哈赖
译　　者：陈秀娟
出版发行：中信出版集团股份有限公司
（北京市朝阳区东三环北路27号嘉铭中心　邮编　100020）
承 印 者：北京通州皇家印刷厂

开　　本：880mm×1230mm　1/32　　印　　张：6.25　　字　　数：108 千字
版　　次：2018 年 1 月第 1 版　　印　　次：2026 年 1 月第 37次印刷
京权图字：01–2011–1723
书　　号：ISBN 978-7-5086-7554-1
定　　价：39.00 元

# 发现心流

## 日常生活中的最优体验

[美] 米哈里·契克森米哈赖 著
(Mihaly Csikszentmihalyi)
陈秀娟 译

中信出版集团 · 北京